MYTHEN DER MENSCHHEIT

Weiser Herr des Himmels

PERSIEN

MYTHEN DER MENSCHHEIT

WEISER HERR DES HIMMELS: Persien

Autoren: Tony Allan (Das Buch der Könige, Land der Märchenerzähler, Das Vermächtnis der Mythen Persiens), Charles Phillips (Die persische Welt, Flammen der Weisheit), Michael Kerrigan (Als die Welt noch jung war)
Wissenschaftliche Beratung: Dr. Vesta Sarkhosh Curtis

Ein Projekt von Duncan Baird Publishers, London

DUNCAN BAIRD PUBLISHERS
Managing Editor: Diana Loxley
Managing Art Editor: Clare Thorpe
Series Editor: Christopher Westhorp
Editor: Mark McDowall
Designer: Clare Thorpe
Picture Researchers: Cecilia Weston-Baker
Commissioned Illustrations: Jo Donegan
Map Artwork: Lorraine Harrison
Artwork Borders: Iona McGlashan
Editorial Researcher: Clifford Bishop

TIME-LIFE BOOKS
Redaktionsstab des Bandes WEISER HERR DES HIMMELS: Persien
Editorial Manager: Tony Allan
Design Consultant: Mary Staples

DEUTSCHE AUSGABE
Leitung: Marianne Tölle
Redaktion: AFR text edition, Hamburg
Aus dem Englischen übertragen von Hildegard Rudolph

Titel der Originalausgabe:
WISE LORD OF THE SKY: Persian Myth
Authorized German language edition

ISBN 90-5390-815-3

Belichtung: RAWA Digitalservice GmbH, Hamburg
Farbreproduktion: Colourscan, Singapur
Druck und Einband: Milanostampa, SpA, Farigliano

Titelseite: **Der Perserkönig Chosrau I., der im 6. Jahrhundert n. Chr. lebte, und seine Höflinge bemühen sich, Einblick in die Regeln des Schachspiels zu gewinnen. Die Illustration aus dem 16. Jahrhundert entstammt einem Manuskript von Firdausis *Schahnameh.***

Inhaltsseite: **Bronzestatuette eines berittenen Kriegers (Sassaniden-Zeit, etwa 5. Jahrhundert n. Chr.).**

30 29 28 27 26 25 24 23 22 21 20 19 18 17 16 15 14 13 12 11 10 9 8 7 6 5 4 3 2

Inhalt

DIE PERSISCHE WELT

Um das Jahr 500 v. Chr. begann Dareios der Große, Herrscher des Persischen Reiches, der sich selbst als „König der Könige“ bezeichnete, in der Marv-Dascht-Ebene in Südpersien mit dem Bau einer prachtvollen neuen Hauptstadt: Persepolis. Ihr herrlicher Palast enthielt nach seiner Fertigstellung einen *apadana,* eine Audienzhalle, welche nicht weniger als 10 000 Menschen Platz bot und in welcher der König auf seinem goldenen Thron alljährlich die Tributzahlungen der Untertanen entgegennahm. Viele Jahrhunderte lang, seitdem Geschichtsschreiber der Antike wie Herodot (um 485–425 v. Chr.) über Persien berichteten, war dies das Bild, das beim Klang des Namens Persien heraufbeschworen wurde – ein fernes und geheimnisvolles Märchenland, regiert von mächtigen Herrschern, die unermeßliche Reichtümer besaßen, ein Land mit öden Wüsten, schattigen Gärten und glanzvollen Palästen.

Die Bezeichnung Perser geht zurück auf die Parsa, einen Nomadenstamm, der aus Parsuasch (auch Parsumasch genannt) kam. Die Parsa gehörten zu den arischen Nomaden, einer indoeuropäischen Völkergruppe, die in der zweiten Hälfte des 2. Jahrtausends v. Chr. aus den Steppen Asiens in das persische Hochland zog. Es war eine Zeit großer Wanderungen, in der sich auch andere arische Stämme in Persien niederließen, vor allem die Meder, die dort ebenfalls ein Reich gründen sollten. Man weiß immer noch nicht mit Sicherheit, wann diese Völkerschaften Persien durchquerten und wo genau sich diejenigen ansiedelten, die nicht weiterwanderten – sicher ist nur, daß sie von Nordosten her in das Hochland kamen, nach Westen weiterzogen und sich in alle Himmelsrichtungen zerstreuten, nachdem sie das Sagrosgebirge im Westen Persiens überquert hatten. Eine These besagt, daß die Nomaden bis etwa 1000 v. Chr. das gesamte Hochland hinter sich gelassen hatten; also müssen sie im Osten Persiens Jahrzehnte oder gar Jahrhunderte zuvor aufgetaucht sein.

Die Menschen jener Region nennen ihr Land seit jeher Iran („Land der Arier“) und nicht Persien wie der Westen, der wegen der romantischen Assoziationen an diesem Namen festhielt, und 1934 taufte die Regierung in Teheran den Staat auch offiziell um. Die Arier waren allerdings keineswegs die ersten Bewohner: Archäologische Funde beweisen, daß es im Hochland bereits Jahrtausende vor Ankunft der Steppennomaden eine Kultur gab. Die Meder und die Perser waren nicht die einzigen, die das Land besiedelten – auch wenn sie gewaltige Reiche schufen, wobei ihnen die Zähigkeit zustatten kam, die sie sich in ihrer Vergangenheit als Nomaden angeeignet hatten. Vor und nach ihnen gab es andere Völker, die das Land prägten – und auch von ihm geprägt wurden.

Gegenüber: **Ein Relief im Palast des Dareios von Persepolis: Würdenträger schreiten eine Treppe hinauf (um 500 v. Chr.).**

Unten: **Eine bunt schillernde Keramikkachel aus Kaschan, Zentralpersien, (etwa 14. Jh. n. Chr.). Sie stellt einen *mihrab* dar, die Gebetsecke in einer Moschee; der *mihrab* weist immer nach Mekka.**

Heißumkämpfte Wüstenreiche

Im Gegensatz zu der fruchtbaren Region, in der sich die frühen mesopotamischen Kulturen entwickelten, waren die Ebenen in Zentralpersien Wüsten. Desungeachtet kämpften zahlreiche Völker um die Vorherrschaft in dem ausgedehnten Territorium, das sich vom Tal des Tigris aus ostwärts bis zu den Ausläufern des Himalaja erstreckte.

Persien ist ein Hochland zwischen zwei Meeren, dem Kaspischen Meer im Norden und dem Persischen Golf im Süden. Und da nahezu das gesamte Land mehr als 450 Meter über dem Meeresspiegel liegt und ein Drittel entweder aus hohen Bergen oder windgepeitschten Wüsten besteht, ist Wasser dort seit jeher der Schlüssel zum Überleben.

Im Westen ragt das Sagrosgebirge auf; jenseits seiner Westhänge erstreckt sich die fruchtbare Ebene, die von Euphrat und Tigris bewässert wird und in der die Kulturen von Sumer, Babylon und Assyrien ihre Blütezeit erlebten. Im Norden, am Südufer des Kaspischen Meeres, verläuft eine andere eindrucksvolle Bergkette, das Elbursgebirge mit dem höchsten Berg Persiens, dem Demawend.

Die östlichen Ausläufer dieser Bergkette gehen in die Hügel und Steppen von Chorasan über, die von Reisenden leicht durchquert werden konnten. Im Laufe der Jahrhunderte wurden sie als Tor genutzt, durch das man von Turkmenistan und der zentralasiatischen Ebene aus nach Persien gelangte – wie es Nomaden auf ihren Wanderungen und Kriegszügen taten, einschließlich der Meder und der Parsa gegen Ende des 2. Jahrtausends v. Chr.

Im südöstlichen Winkel der mesopotamischen Ebene, wo das Sagrosgebirge zur Küste des Persischen Golfes hin abfällt, liegt das fruchtbare Ost-Tigrisland, das heutige Chusistan, das die Wiege des persischen Reiches Elam *(Seite 10)* war.

Die ersten Bauern

Geologen wiesen nach, daß ein Großteil des persischen Hochlands in prähistorischer Zeit ein Süßwassersee war. Die Menschen, die dort um 35 000 v. Chr. lebten, waren Jäger und Sammler, die hoch oben in den Bergen lebten, denn selbst die Gebirgstäler waren überflutet. Irgendwann vor 10 000 v. Chr. trat eine allgemeine Klimaveränderung ein: Es regnete immer weniger, und die Wasserspiegel begannen zu sinken. Nachdem das Wasser zurückgewichen war, zogen die Menschen in die tiefer gelegenen Gebiete. Anfangs folgten sie den Tieren, die sie jagten, doch etwa ab 9000 v. Chr. wurden jene verwegenen Jäger in Persien und im gesamten Nahen Osten immer seßhafter und unternahmen erste Versuche, Pflanzen zu kultivieren und Tiere zu zähmen. Um 6000 v. Chr. gab es im persischen Hochland bereits viele Bauerndörfer.

Tiere besaßen für alle frühen Kulturen eine große Bedeutung. Der Stier beispielsweise verkörperte meist Kraft und Fruchtbarkeit. Dieses Tongefäß stammt aus Amlasch in Nordwestpersien.

In Sialk, südlich von Teheran, fanden Archäologen Spuren einer Siedlung, die sie auf den Beginn des 5. Jahrtausends v. Chr. datierten. Die Bewohner des Ortes lebten in Hütten, deren Wände aus Ästen und Zweigen gefügt waren, trugen Halsketten aus Muscheln, bemalten ihre Töpfe mit Mustern, die an Korbgeflecht erinnern, und schnitzten aus Knochen Tier- und Menschenfiguren, die als Werkzeuggriffe dienten. Sie stellten mehr Dinge her, als sie für ihren Lebensunterhalt benötigten, so daß sie mit dem Überschuß Handel treiben konnten. Einige der Muscheln, die sie als Schmuck trugen, kamen nur an der Küste des Persischen Golfes vor – 950 Kilometer entfernt.

Mit der Zeit gingen diese Menschen dazu über, sich Behausungen aus Lehmziegeln zu bauen. Sie erfanden Töpferscheibe und Brennofen und lernten, wie man Werkzeuge aus Metall herstellt, einen Pflug etwa. Sie entwickelten den Ackerbau weiter, und ihr Handel blühte, vor allem der mit Nahrungsmitteln. Anfang des 4. Jahrtausends v. Chr. tauchten in so entfernten Regionen wie Ägypten und Europa erstmals Weizen und Gerste auf, die in Persien wild wuchsen.

In Mesopotamien bildeten sich gegen Ende des 4. Jahrtausends v. Chr. die ersten größeren Siedlungen

Persische Fürsten kämpften unaufhörlich um die Vorherrschaft in dem Gebiet, das sich von Mesopotamien ostwärts bis Afghanistan erstreckte und das wir unter dem Namen Persien oder Iran kennen. Auf der Karte unten sind die wichtigsten Städte, Flüsse, Gebirge und Regionen eingezeichnet.

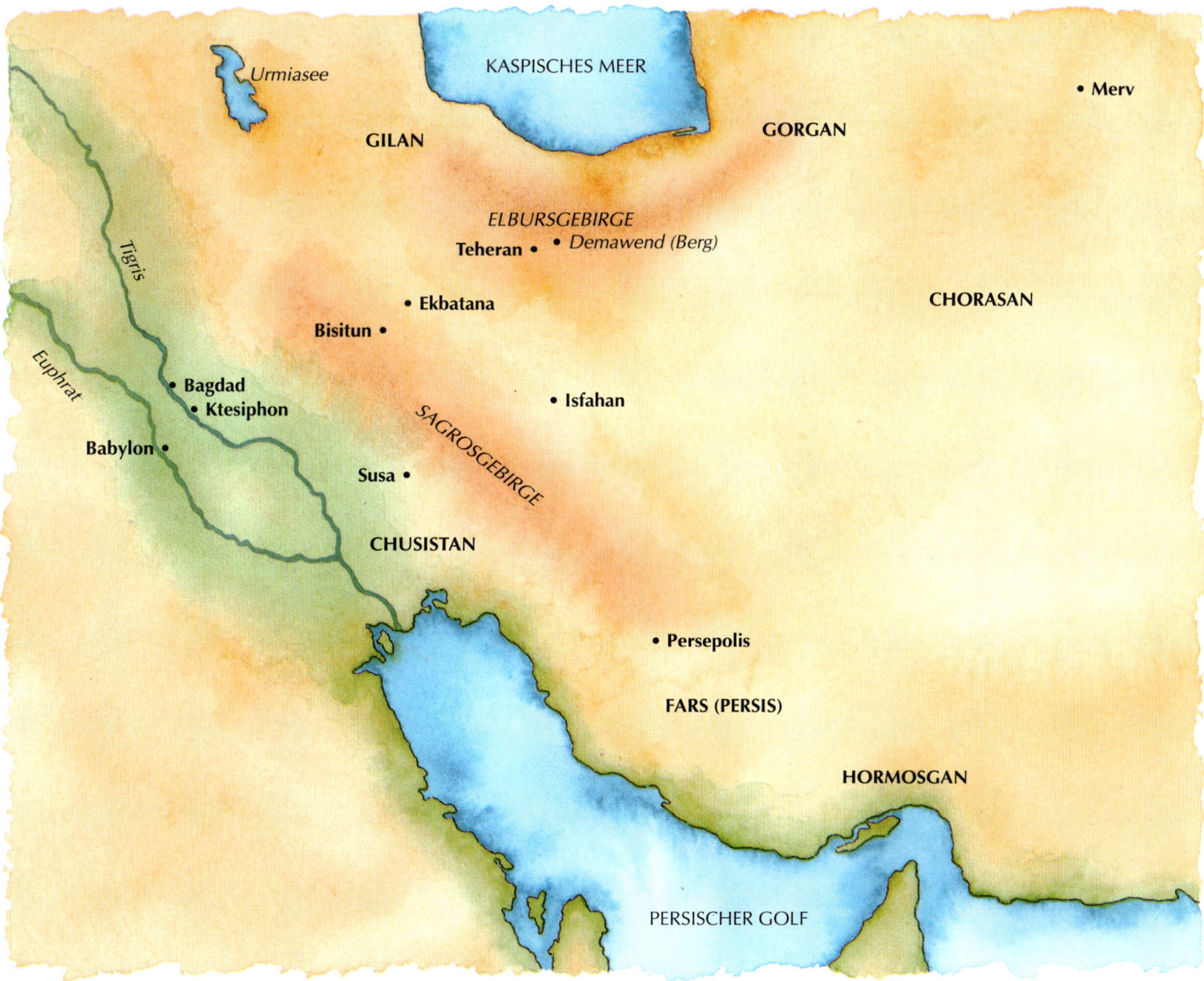

heraus: Nach Meinung der Wissenschaftler entstand in Sumer die älteste städtische Kultur der Welt.

Im persischen Hochland waren die Bedingungen sehr viel ungünstiger. Wasser gab es nur in kleinen, mit Oasen vergleichbaren Gebieten, in denen die Menschen relativ isoliert lebten. Doch zu Beginn des 3. Jahrtausends v. Chr. tauchte in der Ebene von Chusistan – die Mesopotamien benachbart ist und ihre Fruchtbarkeit ebenfalls dem Tigris verdankt – dann doch ein Volk auf, das es mit den Kulturen Mesopotamiens aufnehmen konnte: die Elamiter.

Die Erfindung der Schrift

Die Archäologen sind sich heute einig, daß in Sumer und Elam die Schrift erfunden wurde. In Uruk, einem sumerischen Stadtstaat am Euphrat, und in Susa, etwa 250 Kilometer von Uruk entfernt im Norden von Chusistan, fand man beschriftete Tontafeln, die auf etwa 3300 v. Chr. datiert wurden. Offensichtlich handelte es sich dabei um Aufzeichnungen von Kaufleuten, die darauf ihre Getreide- und Viehverkäufe festhielten. In dieser Schrift waren reale Dinge wie Fische oder Menschenköpfe abgebildet. Jedes Symbol der Bilderschrift

Blütezeit der Töpferkunst

Im 5. bis 4. Jahrtausend v. Chr. stand die Töpferkunst in Persien in höchster Blüte. Man fand Stücke, deren Bemalung – stilisierte Tierfiguren und geometrische Muster – von herausragender Schönheit ist. Archäologen nennen jene Zeit „Altbuntkeramische Epoche".

Das Töpferhandwerk entwickelte sich in Vorderasien etwa um 8000 v. Chr., und die Bewohner der Ebenen Persiens zeigten in der Herstellung und Verzierung von Gefäßen und Figuren aus Ton ein besonderes Geschick.

Die frühesten gefundenen Gefäße bestanden aus Tonstücken oder -rollen, die zusammengesetzt wurden. Anfang des 5. Jahrtausends v. Chr. wurde dann eine primitive Art der Töpferscheibe entwickelt mit einem runden Holzklotz, der auf den Boden gestellt und von einem Helfer gedreht wurde. Die erste richtige Töpferscheibe wurde um 4500 v. Chr. erfunden, und Verbesserungen in der Konstruktion von Brennöfen ermöglichten es den Handwerkern bald, den Hitzegrad dem Bedarf für ihre jeweiligen Arbeiten relativ genau anzupassen. Indem sie die Temperatur änderten, konnten sie auf die Farbe der Gefäße Einfluß nehmen und rote, grüne, rosa und graue Farbtöne erzielen.

Sie bemalten ihre Stücke mit wirklichkeitsgetreuen Bildern von Schlangen, Panthern, Störchen, Mufflons – dem Vorläufer des Schafs – und anderen Tieren. Zu dekorativen Zwecken schufen sie bald auch abstrahierte Darstellungen dieser Tiere – zum Beispiel mit übertrieben langen Hörnern oder aber mit Körpern aus geometrischen Formen, etwa Dreiecken.

Die kleinen Tierfiguren aus Ton, die die Töpfer ebenfalls herstellten, könnten als Spielzeug oder Opfergaben für eine Gottheit des Ackerbaus gedient haben. Häufig gestaltet wurde auch eine Frauenfigur, die nach Meinung von Wissenschaftlern die Große Mutter und Fruchtbarkeitsgöttin darstellt.

Diese bemalte Tonvase ist ein typisches Beispiel für die hohe Kunst der Töpferei in Persien zwischen dem 5. und dem 4. Jahrtausend v. Chr.

stellte einen Sachverhalt oder ein bestimmtes Wort dar. Die Schreiber ritzten ihre Bildzeichen mit einem spitzen Griffel aus Schilfrohr in die Tafeln, solange der Ton noch weich war. Anschließend wurden die Tontafeln zum Härten in die Sonne gelegt.

Etwa zu derselben Zeit entwickelte sich im benachbarten Elam eine ähnliche Schrift, die als Protoelamisch bezeichnet wird. Beide Schriften weisen viele identische Zahlenzeichen auf, doch scheinen sich die Sprachen Sumerisch und Elamisch erheblich voneinander unterschieden zu haben.

Im Laufe der folgenden Jahrhunderte wurden die Schriften komplexer. Um 2500 v. Chr. verfaßte man damit im gesamten mesopotamischen Tiefland Inschriften an Gebäuden und schrieb Gebete, Briefe und amtliche Dokumente nieder. Weil die Schreiber mit ihren Rohrgriffeln breite bis spitz zulaufende, keilförmige Zeichen in die Tontafeln eindrückten, bezeichnete man diese Schriften später als Keilschrift.

Diese in Keilschrift abgefaßte Steininschrift wurde von links nach rechts gelesen (aus akkadischer Zeit, etwa 7. Jahrhundert v. Chr.).

Das Reich Elam

Die Elamiter, ein Volk aus dem Süden des Sagrosgebirges, gründeten ihre Dynastie um 2700 v. Chr. in der benachbarten Tiefebene des heutigen Chusistan. Ihr Königreich wurde häufig von den benachbarten Stadtstaaten Mesopotamiens angegriffen. Die Größe des Elamiter-Reichs schwankte stark, doch gab es eine Zeit, in der es sich im Westen bis weit nach Babylonien und im Osten ins persische Hochland hinein erstreckte. Eine bedeutende elamische Siedlung war Anschan in Südpersien, östlich des Sagrosgebirges, die später eine Herrscherdynastie hervorbringen sollte.

Zu jener Zeit waren die Elamiter, die Stämme aus den nördlicheren Teilen des Sagrosgebirges und die aus dem Hochland selbst durch Handel eng mit den mesopotamischen Stadtstaaten verbunden – wenn sie nicht gerade Krieg gegen diese führten. Gold, Zinn und Kupfer aus Persien sowie Blei und Halbedelsteine – etwa Lapislazuli – von weiter her wurden über die Sagrospässe hinunter ins Tiefland transportiert, wo die Herrscher größten Wert darauf legten, Macht und Ruhm ihrer Dynastien durch die Pracht ihrer Tempel und Paläste zu demonstrieren.

Um 2300 v. Chr. eroberte ein semitischer Heerführer namens Sargon von Akkad den größten Teil Mesopotamiens einschließlich Sumer. Er gründete die Dynastie der Akkader, die auch Elam bis 2279 v. Chr. beherrschte. Kurz nachdem Elam seine Unabhängigkeit zurückgewonnen hatte, wurde es von den Guti unterworfen, einem Stamm aus dem Sagrosgebirge. In den hundert Jahren vor und nach 2000 v. Chr. behauptete Sumer seine Macht mit Königen, die – von Historikern als 3. Dynastie von Ur bezeichnet – ihrerseits Elam unter ihre Herrschaft brachten. Der Niedergang dieser Dynastie bedeutete den Aufstieg des Königreichs Simasch, dessen Stammland im Sagrosgebirge lag. Es war ein ewiger Kreislauf: Wenn die Macht der Babylonier oder Sumerer schwächer wurde, zogen die Stammesfürsten aus dem Sagrosgebirge hinunter, um die Lage auszunutzen, und sobald die Königreiche in der Ebene ihre Stärke wiedererlangt hatten, wurden die Gebirgsstämme wieder zurückgeschlagen.

Die Könige aus dem Sagrosgebirge pflegten ihre Siege in Reliefs zu verewigen. Ein bedeutendes persisches Felsrelief wurde für Annubanini, den König der Lullubi, in der Nähe der persischen Stadt Sar-i-Pul-i Zohab geschaffen: Bewaffnet mit Pfeil und Bogen, setzt er seinen Fuß auf einen besiegten Feind. Solche Denkmäler waren von ähnlichen Reliefs mesopotamischer Könige stark beeinflußt, vor allem von jenem berühmten Bildwerk, das vom akkadischen König Naramsin (um 2254–2218 v. Chr.) in Auftrag gegeben worden war. Aber sie stellten auch selbst ein Vorbild für spätere persische Herrscher dar, von denen sich viele ein Denkmal ins Felsgestein hauen ließen.

Ab dem 19. Jahrhundert v. Chr. kam es zu Streitigkeiten zwischen Elam und den Königen von Babylon, der reichen Stadt am Euphrat. Hammurabi (um 1792–1750 v. Chr.), der berühmteste babylonische König jener Zeit, schuf ein großes Reich und fügte Elam 1764 v. Chr. eine schwere Niederlage zu. Doch noch vor Ende des Jahrhunderts hatten die Elamiter unter König Kutir-Nakhunte ihre Macht wiederhergestellt und einen überwältigenden Sieg über Hammurabis Sohn Samsuiluna (um 1749–1712 v. Chr.) errungen.

Als die Kassiten, ebenfalls ein Volk aus dem Sagrosgebirge, in Mesopotamien eindrangen, nahm Elams Macht wieder ab. Zu den Kassiten gehörten auch Nachkommen jener Arier, die während der ersten Migrationswelle Anfang des 2. Jahrtausends v. Chr. Persien durchquert hatten. Auf ihrem Weg hatten sich einige dieser Steppennomaden – sie waren übrigens verwandt mit den Medern und Parsa, die 500 bis 1000 Jahre nach ihnen ankamen – im Sagrosgebirge und in Mesopotamien niedergelassen. Sie hatten sich mit den dort ansässigen Stämmen vermischt, bildeten aber eine Krieger-Elite. Die Kassiten müssen eine furchteinflößende Militärmacht gewesen sein, herrschten sie doch über 500 Jahre lang in Mesopotamien.

Die Dynastie von Anschan

Elam trat im Tiefland erneut als bedeutender Machtfaktor hervor, nachdem Igihalki, einer seiner Könige, im 14. Jahrhundert v. Chr. die Dynastie von Anschan gegründet hatte. Igihalkis Enkel Humban-Umena (um 1285–1266 v. Chr.) nahm den Titel „Vergrößerer des Reiches" an und errichtete in Lian, etwa 400 Kilometer südöstlich der elamischen Hauptstadt Susa, an der Küste des Persischen Golfes einen herrlichen Tempel. Sein Nachfolger Untasch-Napirischa (um 1260–1235 v. Chr.) baute viele elamische Städte und Tempel wieder auf und gründete in Tschora Zanbil, 40 Kilometer südöstlich von Susa, eine neue Hauptstadt. Dort gab es drei Paläste und eine Zikkurat, einen Stufentempel, der mehr als fünfzig Meter hoch gewesen sein soll.

Im Jahre 1168 drang Schatruk-Nakhunte in den Süden Mesopotamiens ein und nahm den Kodex des Hammurabi, eine berühmte Gesetzessammlung, mit nach Susa, wo er im 20. Jahrhundert von französischen Archäologen gefunden wurde. Vierzehn Jahre später fiel Kutir-Nakhunte in Babylonien ein und stürzte den letzten kassitischen König, Enlil-nadin-ahi. Als Kriegsbeute verschleppte er die Statue des Gottes Marduk, des Schutzgottes von Babylon. Unter seinem Nachfolger Schilhak-Inschuschinak (1165–1151 v. Chr.) ging es mit Elam noch weiter aufwärts; mittlerweile umfaßte das Reich unter der Anschan-Dynastie das Sagrosgebirge, das Tigris-Tal und Küstenland am Persischen Golf.

Doch auf dem Gipfel seiner Macht geriet Elam ins Wanken. Der babylonische König Nebukadnezar I. (um 1125–1104 v. Chr.) besiegte die Elamiter, plünderte Susa und kehrte mit der Statue des Marduk heim. Von diesem Schlag sollte sich Elam nicht erholen; fast 300 Jahre lang wurde es von keinem Geschichtsschreiber mehr erwähnt. Mit seinem Fall begann der Aufstieg des mesopotamischen Königreichs Assyrien, das auf dem Gipfel seiner Macht vom 9. bis 7. Jahrhundert v. Chr. ein riesiges Gebiet umfaßte. Ab 720 v. Chr. erholte sich Elam für kurze Zeit, aber 646 v. Chr. stürmte der assyrische König Assurbanipal über die Grenzen, plünderte Susa und verwüstete das Umland. Zu jener Zeit begann der Aufstieg einer neuen

Aus der Blütezeit des Reiches Elam: Goldfigur eines Mannes, der ein als Opfergabe bestimmtes Zicklein trägt (um 1150 v. Chr.). Das Kunstwerk wurde bei Ausgrabungen in Susa gefunden.

Das Reich Elam wurde vom assyrischen König Assurbanipal zerstört, der hier bei der Jagd dargestellt ist. Das Relief stammt aus dem Nordpalast von Ninive (um 640 v. Chr.).

persischen Macht: Innerhalb eines Zeitraums von fünfzig Jahren sollten die Meder von ihrem Siedlungsgebiet südlich des Kaspischen Meeres aufbrechen und die Reiche Mesopotamiens herausfordern.

Meder und Parsa

Das älteste Schriftzeugnis, in dem die Meder und Parsa genannt werden, sind die Aufzeichnungen des assyrischen Königs Salmanassar III. (858–824 v. Chr.), abgefaßt in Keilschrift. Offensichtlich kamen die Parsa kurz nach den Medern in die Region, und es gibt Anzeichen dafür, daß sie sich in mehreren Gebieten niederließen: im Nordwesten in der Nähe des Urmiasees, im Südwesten des Sagrosgebirges in der späteren Region Parsumasch und im Hochland von Fars (Persis) in Südpersien. Beide Völker waren im Zuge der Wanderung arischer Stämme vor 1000 v. Chr. angekommen. Zu jener Zeit lebten sie friedlich als Nomaden, jagten und hielten Hunde, die ihnen beim Hüten ihrer Rinder, Ziegen und Schafe halfen. Einige Angehörige dieser Stämme waren Priester; zu ihren Ritualen gehörte der Genuß eines Rauschtrankes, der aus einer unbekannten Pflanze gepreßt wurde, von den Ariern in Persien „Haoma“ genannt *(Kasten Seite 35)*. Sie verehrten Götter und Göttinnen des Feuers, des Wassers, der Erde, des Himmels, der Sonne, des Mondes, des Windes und des Sturms – sowie vermutlich auch Gottheiten, die Wahrhaftigkeitheit, Treue und Mut verkörperten. Und es gab kriegerische Götter, vor deren Zorn sich die Menschen fürchteten.

Im 3. Jahrtausend v. Chr. hatten die arischen Steppenvölker gelernt, Wildpferde zu zähmen und Streitwagen zu bauen. Zu der Zeit, als sie ihre Wanderung begannen, besaßen einige Stämme bereits hervorragende Krieger, die mit Hiebschwertern bewaffnet und mit Bronzerüstungen gepanzert waren.

Im 7. Jahrhundert v. Chr. schlossen sich die Meder im Sagrosgebirge zusammen und gründeten ein Königreich im Nordwesten Persiens. Mit rivalisierenden Stämmen kämpften sie um die Vorherrschaft, bis 625 v. Chr. der Meder-König Cyaxares die furchterregenden skythischen Reiter zurückdrängen konnte, die plündernd von Armenien aus durch Medien zogen. Mit seinem Verbündeten, König Nabupolassar von Babylon, gelang es Cyaxares 612 v. Chr., Ninive einzunehmen, die Hauptstadt der Assyrer. Das war der Anfang vom Ende des mächtigen Assyrer-Reichs.

Cyaxares starb 584 v. Chr. Er hinterließ ein Reich, das sich zeitweilig von Westpersien bis zum Fluß Halys in Kleinasien erstreckte. Doch als Cyaxares' Sohn Astyages seinem Vater auf den Thron gefolgt war, stand eine neue Macht zum Angriff bereit: die Parsa, die als Perser in die Geschichte eingehen sollten. Im Hochland von Fars erhob sich der Perser-König Kyros II. gegen Astyages. Seine erste Unbotmäßigkeit bestand in einem Bündnis mit den Babyloniern, die gegen die Meder Krieg führten. Dann organisierte er in Fars eine offene Revolte. Kyros aber war Astyages' Enkel, denn seine Mutter, eine medische Prinzessin, war aus politischen Gründen einst mit dem Perserkönig Kambyses verheiratet worden, um die Perser fester an Medien zu binden. Die Dynastie, der Kyros angehörte, war vermutlich im 7. Jahrhundert v. Chr. von König Achämenes gegründet worden, doch ist dieser

König wahrscheinlich keine historische, sondern eine mythische Gestalt.

Als sich Kyros gegen Astyages auflehnte, zog der Meder-König nach Fars. An einem schicksalhaften Tage im Jahre 559 v. Chr. liefen viele medische Krieger, darunter ein hervorragender Feldherr namens Harpagos, zu den Persern über, und Kyros besiegte Astyages. Auf einen Schlag gewann der junge König das große Meder-Reich für seine Dynastie der Achämeniden.

Die Achämeniden

In der Stunde seines Triumphes bewies Kyros die Eigenschaften, für die er berühmt werden sollte: Toleranz und Edelmut. Er behandelte Astyages mit Respekt und räumte den Medern eine privilegierte Stellung gleich nach den Persern ein. Er machte sich daran, seine Macht im persischen Hochland zu festigen, und zog dann gegen Krösos, den König von Lydien in Kleinasien, der in der Niederlage der Meder eine Gelegenheit zur Ausdehnung seines eigenen Reiches sah.

Kyros besiegte Krösos und führte sein Reich sowohl mit militärischen als auch mit diplomatischen Mitteln zu einer beispiellosen Größe. In Kleinasien übernahmen die ihm unterstehenden Heerführer die Kontrolle über die griechischen Städte an der Ägäis-Küste, und vermutlich unter eigener Führung weitete Kyros sein Hoheitsgebiet bis in den Nordosten Persiens aus.

Als nächstes eroberte der Perserkönig das herrliche, stark befestigte Babylon am Euphrat. Bei seinem triumphalen Einzug in die Stadt 539 v. Chr. näherte sich Kyros der Statue Marduks und legte seine Hände auf die des Stadtgottes – als Zeichen dafür, daß er die Traditionen Babylons künftig achten wolle. Seine Herrschaft wurde von vielen begrüßt, nicht zuletzt von den 40 000 Juden, die seit ihrer Gefangennahme durch Nebukadnezar II. im Jahre 586 v. Chr. in Babylon festgehalten wurden. Kyros gestattete ihnen, nach Palästina zurückzukehren und dort den Tempel des Salomo wieder aufzubauen.

Durch diesen Sieg hatte Kyros die babylonischen Gebiete in Mesopotamien, Syrien und Palästina unter seine Herrschaft gebracht. Seine Toleranz gegenüber der babylonischen Religion – er brachte den einheimischen Göttern sogar Opfer dar – war typisch für sein geschicktes Verhalten seinen Untertanen gegenüber. Schon bald war um den König herum eine Legende entstanden. Weil er die Juden freigelassen hatte, wurde er im alttestamentarischen Buch Esra als wirkende

ZEITTAFEL

Persien hat eine lange und wechselvolle Geschichte. Während die streitbaren Elamiter, Meder und Perser gegeneinander um die Vorherrschaft kämpften und die islamischen Kalifen unaufhörlich Eindringlinge zurückzutreiben versuchten, wurden zahlreiche bedeutende kulturelle Leistungen erbracht: die Schrift, das Töpferhandwerk und eine Architektur, die noch heute zu den Weltwundern zählt.

Ein Bildwerk aus Diorit: König mit Haube (Sumerische Periode, um 2000 v. Chr.)

35 000–2000 v. Chr.

***um* 35 000 v. Chr.** Ausbreitung des Menschen über Eurasien
***um* 10 000 v. Chr.** Durch eine Klimaveränderung Absinken des Wasserspiegels und Entstehung fruchtbarer Ebenen in Persien
***um* 9000 v. Chr.** Nomaden dringen in die persischen Ebenen ein
***um* 6000 v. Chr.** Die ersten Bauerndörfer
***um* 3000 v. Chr.** Die ersten Städte in Sumer und Elam; Erfindung der Schrift
***um* 2300 v. Chr.** In Mesopotamien Gründung der Dynastie der Akkader durch Sargon von Akkad

2000–1000 v. Chr.

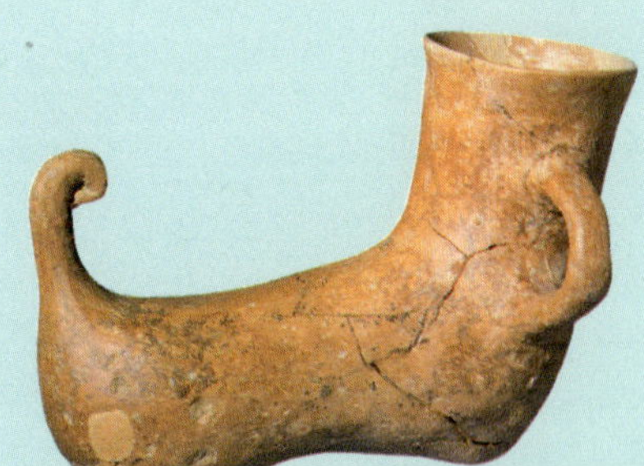

Tongefäß in Form eines Stiefels (Nordwestpersien, um 1000 v. Chr.)

***um* 2000 v. Chr.** Zu den Indoeuropäern gehörende arische Nomaden dringen in die persischen Ebenen ein
***um* 1800 v. Chr.** Aufstieg Babylons
***um* 1400 v. Chr.** Erstarken Elams
***um* 1100 v. Chr.** Sieg des babylonischen Königs Nebukadnezar I. über die Elamiter

Kraft Gottes gefeiert. Im Jahrhundert nach seinem Tode stand er sogar im Mittelpunkt einer Abhandlung des griechischen Geschichtsschreibers Xenophon (um 435–354 v. Chr.) über den idealen Herrscher.

Symbol für Kyros' Königtum war seine prächtige neue Hauptstadt Pasargadai („Das Lager der Perser"), die er an dem Ort errichtete, wo er seinen Sieg über Astyages errungen hatte. Aber eines Tages sollte auch er besiegt werden. Kyros fiel um 530 v. Chr. in einer Schlacht um die stets umkämpfte Nordostgrenze Persiens. Er hinterließ ein Reich, das sich vom Ägäischen Meer bis an den Indus erstreckte.

Dareios der Große

Auf einem Feldzug zwischen 525 und 522 v. Chr. gliederte Kyros' Sohn Kambyses Ägypten in das Perserreich ein. Aber während er fort war, brach in Persien ein Aufstand aus, der von Gaumata angeführt wurde, einem Magier, der vorgab, Bardija zu sein, Kyros' anderer Sohn, den Kambyses hatte ermorden lassen. Kambyses verließ Ägypten in Richtung Heimat. Unterwegs erkrankte er und starb.

Einer der Leibwächter des Königs, ein Mann namens Dareios, eilte unverzüglich nach Fars, wo er mit der Unterstützung von sechs Adligen den falschen Bardija tötete und selbst den Thron bestieg. Dareios behauptete, ein Urenkel des Ariaramnes zu sein, eines der Enkel des Achämenes. Ob diese Behauptung nun wahr war oder nicht – Dareios sollte sich als würdiger Nachfolger des Kyros erweisen, ein Mann, der jenem an Mut und Intelligenz ebenbürtig war.

In den ersten zwei Jahren seiner Herrschaft schlug er neunzehn Aufstände nieder, die getrennt voneinander in Persien, Medien, Elam und entfernteren Gebieten ausbrachen. Zwei persische Feldzüge gegen das griechische Festland schlugen jedoch fehl: Der erste, den Mardonios 492 v. Chr. anführte, wurde abgebrochen, als die persische Flotte in einem Sturm zerstört wurde. Der zweite endete unter dem Kommando des Datis 490 v. Chr. in der Schlacht bei Marathon mit einer Niederlage.

Dareios wandte all seine Kraft auf, um das achämenidische Territorium auszudehnen und zu festigen, im Lande selbst jedoch tat er es Kyros gleich: Er baute neue Paläste und gründete Städte, die eines so riesigen Reiches würdig waren. In Südpersien in der Nähe von Pasargadai, der Stadt des Kyros, ließ er eine neue Hauptstadt errichten: Persepolis. Am Rande der üppi-

1000 v. Chr.–100 v. Chr.

***um* 700 v. Chr.** Aufstieg der Meder
***um* 640 v. Chr.** Die Assyrer plündern Susa
625 v. Chr. Cyaxares vertreibt die Skythen
612 v. Chr. Niedergang des Assyer-Reichs
584 v. Chr. Tod des Cyaxares
559 v. Chr. Kyros der Große besiegt die Meder und gründet die Achämeniden-Dynastie
539 v. Chr. Kyros erobert Babylon
530 v. Chr. Tod des Kyros
500 v. Chr. Dareios der Große beginnt mit den Arbeiten an Persepolis
490 v. Chr. Sieg der Griechen über die Perser in der Schlacht bei Marathon
486 v. Chr. Dareios stirbt
331 v. Chr. Alexander der Große plündert Persepolis
323 v. Chr. Tod Alexanders
140 v. Chr. Die Parther unter Mithradates I. beherrschen Mesopotamien und Westpersien

100 v. Chr.–1000 n. Chr.

224 n. Chr. Sieg Ardaschirs I. über den Parther-König Ardawan IV.; Gründung der Sassaniden-Dynastie; der Zoroastrismus wird Staatsreligion
610 Chosrau II. dehnt das Sassaniden-Reich bis nach Ägypten und in die Türkei aus
620 Kaiser Heraklios von Byzanz belagert Ktesiphon; Chosrau wird von seinen Leuten getötet
632 Tod des Propheten Mohammed
633 Beduinen dringen ins Sassaniden-Reich ein
638 Fall von Ktesiphon; Persien wird dem arabischen Kalifat eingegliedert
645 Kalifen machen Damaskus zur Hauptstadt
762 Die Abbasiden-Kalifen verlegen ihre Hauptstadt nach Bagdad
994 Mahmud von Ghasni herrscht in Ostpersien

Schale aus Silber und Gold mit Steinbock-Motiven (Achämeniden-Dynastie, 6. Jh. v. Chr.)

1000–Gegenwart

1055 Einfall des Turkvolks der Seldschuken, die das Kalifat von den Arabern übernehmen
***um* 1220** Dschingis Khan erobert Persien; Herrschaft der Mongolen
1502 Mit den Safawiden besteigt wieder eine persische Dynastie den Thron
1926 Resa Khan kommt mit einem Putsch an die Macht
1934 Offizielle Änderung des Landesnamens in Iran
1978 Sturz des Mohammed Resa Pahlawi durch die Islamische Revolution
1989 Tod Khomeinis

Pfauenthron des Schahs, heute in der Zentralbank in Teheran (Kadscharen-Dynastie, 1779–1921)

gen Gärten nordwestlich des Palastes wurde Dareios' Grabkammer aus einer Felswand gehauen. Von dieser Stätte aus, die Naqsch-i Rostam heißt, hatte man einen herrlichen Blick auf die prächtige Königsstraße der Achämeniden, die über fast 2700 Kilometer von Persepolis nach Sardes in Kleinasien verlief und ein Symbol für den Ruhm der Dynastie war. Andere Könige wurden ebenfalls in der Felsenwand bestattet.

In Susa, der alten elamischen Hauptstadt, ließ Dareios zum Lobpreis seiner Erfolge einen weiteren Palast errichten. Für den Bau wurde Material aus allen Teilen des Reiches herbeigeschafft: Zedernholz aus dem Libanon, Lapislazuli aus Sogdiane im Nordosten Persiens, Elfenbein aus Afrika. Steinmetze wurden aus Ionien und Tischler aus Ägypten geholt.

Als Dareios 486 v. Chr. starb, folgte ihm sein Sohn Xerxes auf den Thron. Xerxes griff 480–479 v. Chr. Griechenland erneut an, eroberte Athen und stürmte die Akropolis. Doch war das Unternehmen auch dieses Mal ein Fehlschlag und endete sowohl in der Seeschlacht bei Salamis in der Nähe von Athen als auch in Plataä in der Nähe von Theben mit Niederlagen.

Es war Dareios' Wunsch, daß sein großartiger Palast in Susa die gewaltige Ausdehnung seines Reiches widerspiegeln sollte. Dieser geflügelte Stier besteht aus glasierten Ziegeln, die vermutlich von Babyloniern hergestellt wurden (etwa 5. Jahrhundert v. Chr.).

Nach Xerxes' Ermordung 465 v. Chr. setzte der Niedergang des Achämeniden-Reiches ein, der von mehreren schwachen Herrschern noch beschleunigt wurde. Aber immerhin konnte es sich weitere 150 Jahre lang halten, bis Dareios III. (335–330 v. Chr.), der letzte König des Geschlechts, von einem makedonischen Prinzen davongejagt wurde, der als Alexander der Große in die Geschichte eingehen sollte. Das Achämeniden-Reich, das Alexander in sein Weltreich eingliederte, war das größte, das die Welt bis dahin gesehen hatte. Es hinterließ ein großartiges Vermächtnis mit seinen Bauwerken, aber auch mit dem Vorbild, das die ungewöhnlich liberale Herrschaft seiner Könige über ein so ausgedehntes Hoheitsgebiet und so viele verschiedene Völker gab.

Der Aufstieg der Parther

Alexander starb 323 v. Chr. Im 3. Jahrhundert v. Chr. wurde ein neues Kapitel der persischen Geschichte aufgeschlagen: Um 238 v. Chr. gründete Arsakes, der Herrscher des Nomadenstammes der Parni – heute als Parther bezeichnet –, im Nordosten des persischen Hochlandes ein Königreich und die Dynastie der Arsakiden. Hundert Jahre später nahmen die Parther unter Mithradates I. den größten Teil Mesopotamiens in Besitz und zwangen die Seleukiden *(Kasten gegenüber)* zum Rückzug nach Syrien. Mithradates II. (um 124 v. Chr.) festigte die Herrschaft der Parther über die gewonnenen Gebiete, trieb die im Osten ständig einfallenden Stämme zurück und hielt auch die ehrgeizige neue Macht Rom in Schach.

Die von Asien bis ans Mittelmeer verlaufende Seidenstraße führte durch das Gebiet der Parther, und die Zölle, die man auf die Güter der Handelskarawanen erhob, brachten Wohlstand ins Land. Die Parther-Könige waren bestrebt, als Erben der großen persischen Dynastien anerkannt zu werden – auf ihren Münzen waren die Worte „König der Könige" eingeprägt, der stolze Titel der Achämeniden. Mithradates II. ließ seine persönliche Siegesinschrift am Berg Bisitun neben der des Dareios in den Felsen einmeißeln.

Doch zu Beginn des 3. Jahrhunderts n. Chr. verfiel die Macht der Parther im persischen Hochland. Es kam so häufig zu Aufständen und auch zu Überfällen von Nomaden, daß der Handel entlang der Seiden-

Alexander der Große und die Seleukiden

Nach der Vereinigung der griechischen Stadtstaaten brauchte Alexander nur zehn Jahre, um ein Reich zu schmieden, das sich vom Ägäischen Meer bis nach Samarkand erstreckte. Der große Feldherr eroberte auch das Achämeniden-Reich und hinterließ seinen Nachfolgern ein gewaltiges Erbe.

Im Jahre 334 v. Chr. führte Alexander sein 40 000 Mann starkes Heer nach Kleinasien. Der Achämeniden-König Dareios III. trat dem Eindringling mutig entgegen, doch wurde er im November 333 in der Schlacht bei Issos an der Südküste Kleinasiens geschlagen. In jenem Kampf verlor Dareios seine Besitztümer mitsamt seinem Harem und floh.

Als nächstes eroberte Alexander Ägypten, wo er die berühmteste seiner zahlreichen Städte namens Alexandria gründete. Als er nach Asien zurückgekehrt war, endete eine zweite Konfrontation mit Dareios 331 v. Chr. in Gaugamela am Tigris erneut mit einem Sieg für den Eroberer. Alexanders Truppen marschierten südwärts nach Babylon und überquerten das Sagrosgebirge, nachdem sie die letzte Stellung der Perser auf einer Paßhöhe bezwungen hatten. Im Jahre 331 v. Chr. zogen sie dann in die majestätische Stadt Persepolis ein.

Der Feldherr muß von den Bauwerken und dem Luxus, den er dort antraf, beeindruckt gewesen sein; dennoch brach er unbarmherzig den letzten noch verbleibenden Widerstand, indem er das Herz des Achämeniden-Reiches in Brand steckte – und seinen Truppen erlaubte, die Soldaten sowie die Frauen und Kinder in der Garnison niederzumetzeln. Das Grab des Kyros, der als Feldherr eines seiner großen Vorbilder war, beließ Alexander jedoch unversehrt. Einigen Überlieferungen zufolge fand und zerstörte er das *Awesta,* das mit goldenen Lettern auf Ochsenhaut geschriebene heilige Buch der Zoroastrier, welches in der Nähe von Persepolis versteckt gewesen sein soll.

Dareios war in den Norden Persiens geflohen, wo er später in jenem Jahr von seinen eigenen Anhängern getötet wurde, die einen neuen König ausrufen wollten. Doch Alexanders Truppen besiegten auch sie. Wie manch anderer Herrscher, der vor ihm das persische Hochland kontrollierte, mußte Alexander zunächst seine Energie darauf verwenden, die Nord- und Ostgrenze des Reiches zu befrieden, bevor er nach Indien weiterziehen konnte, wo er 327 bei Hydaspes einen großen Sieg errang. Vier Jahre später erlag er im Alter von 32 Jahren in Babylon einem Fieber.

Sein Tod löste unter seinen Heerführern erbitterte Machtkämpfe um die einzelnen Teile des Reiches aus. Ptolemäos erhielt Ägypten, Antigonos Makedonien. Das größte Gebiet mit Syrien, Mesopotamien und dem überwiegenden Teil Persiens fiel an Seleukos I. Nikator („der Eroberer"). Nach dessen Tod 281 v. Chr. blieb Persien zunächst unter der Kontrolle der Seleukiden, der nach Seleukos benannten Dynastie.

Alexander erlangte mit seinen Taten einen legendären Ruf. Der Feldherr wurde in vielen Gedichten und Gemälden gefeiert. Diese Miniatur zeigt den siegreichen Alexander bei seinem Einzug in Persien (etwa 16. Jahrhundert).

straße zum Erliegen kam und die Händler nun eine südlichere Route durch Indien wählten und von dort auf dem Seeweg nach Rom reisten.

Im Süden Persiens begann Ardaschir, König von Fars, sein Reich auf Kosten der umliegenden Reiche auszudehnen. Ardaschirs Verhalten war ein Affront gegen den Parther-König Ardawan (Artabanos IV.), und 224 n. Chr. standen sie einander unter der brennenden Sonne in der Ebene von Hormosgan im Zweikampf gegenüber. Ardaschir tötete Ardawan und gewann das Parther-Reich. Damit begann der Aufstieg seiner Dynastie, der Sassaniden; diesen Namen gab sie sich nach einem mythischen Ahnen namens Sassan.

Die Sassaniden

Ardaschir stellte die Ordnung im Hochland wieder her, die Handelskarawanen zogen erneut über die Seidenstraße, und mit weiteren Gebietsgewinnen erwarb die Dynastie Ruhm und Reichtum.

Eine Staatsreligion wurde eingeführt, die bereits seit langem viele Anhänger unter den Persern hatte: der Zoroastrismus, benannt nach seinem Gründer Zoroaster oder Zarathustra (um 630–553 v. Chr.). Ardaschir beanspruchte die Nachfolge des zoroastrischen Gottes und „Weisen Herrn" Ahura Masda, und so war er von einer Aura göttlichen Ruhms umgeben.

Wie die Parther vor ihnen hielten nun auch die Sassaniden Rom entschlossen in Schach. Ardaschirs Sohn Schapur (241–272) errang eine Reihe von Siegen gegen die Römer. Im Jahre 244 besiegte und tötete er Kaiser Gordian bei Massice, dem heutigen Misikhe am Euphrat, und nahm im Jahre 258 Kaiser Valerian in Edessa, Syrien, gefangen. Schapur ließ zum Gedenken seines Triumphes in Naqsch-i Rostam ein eindrucksvolles Relief aus dem Felsen hauen. Kaiser Valerian starb in der Gefangenschaft.

Der berühmteste König der Sassaniden-Dynastie kam im 6. Jahrhundert auf den Thron. Chosrau I. (531–579) war ein Reformer, der das Steuersystem neu ordnete und vereinheitlichte, die Macht der Großgrundbesitzer einschränkte und den Verwaltungsbeamten einen neuen Status verlieh, teilweise auf Kosten der zoroastrischen Priesterschaft. Er dehnte das Reich bis zum Schwarzen Meer aus, verlegte den Hof nach Westen und machte Ktesiphon zu seiner Hauptstadt. Unter dem Namen Anuschirwan (Anuschak-Ruwan, „Der mit der unsterblichen Seele") gilt er in Persien gemeinsam mit Kyros als gerechter Herrscher schlechthin. Die legendären Bankette, die er in seinem Palast gab, dienten der Mehrung des Ruhms seiner Dynastie.

Unter seinem Enkel Chosrau II. Parwis erlebte das Reich seine letzte große Blüte. Die einstige Großmacht Rom gab es nicht mehr. Westrom war dem Ansturm der Goten erlegen – was blieb, war das Oströmische oder Byzantinische Reich mit seiner Hauptstadt Konstantinopel. In den ersten beiden Jahrzehnten des 7. Jahr-

Eine der größten Leistungen der Parther-Könige bestand darin, das ehrgeizige Römische Reich in Schach gehalten zu haben. Als der Sassaniden-König Schapur I. Kaiser Valerian in Edessa (Syrien) besiegte und gefangennahm, ließ er das Ereignis in einem Felsrelief in Naqsch-i Rostam festhalten (um 260 n. Chr.).

hunderts führte Chosrau II. sein Sassaniden-Heer auf einen Eroberungszug in byzantinisches Territorium und nahm Antiochia, Damaskus, Jerusalem und Sardes sowie im Süden Ägypten ein. Das Byzantinische Reich war auf wenig mehr als die Region um Konstantinopel geschrumpft. Doch zehn Jahre später übte ein neuer byzantinischer Kaiser vernichtende Rache: Heraklios marschierte durch Armenien und Aserbeidschan im Kaukasus bis in das mesopotamische Tiefland und überraschte Chosrau II. in Ktesiphon. Der byzantinische Feldherr belagerte die Stadt, deren Bürger vor Angst fast wahnsinnig wurden. Chosrau wurde von seinen Ministern in den Gemächern seiner Lieblingsfrau Schirin ermordet. Die Dynastie überlebte, aber sie ging ihrem Ende entgegen – die glorreiche Epoche der Sassaniden war vorbei.

Das Zeitalter des Islam

Wie ein Wirbelsturm fegten im Jahre 636 berittene Beduinen aus den Wüsten Arabiens über die Südwestgrenze Persiens und zwangen das Reich in sechs Jahren in die Knie. Diese Beduinen waren Wüstennoma-

Der Einfluß des Islam in Persien zeigte sich in Bauwerken wie der Masjed-e Emam in Isfahan, die 1638 fertiggestellt wurde.

den, skrupellose Krieger, gestählt in Stammesfehden und Überfällen auf Handelskarawanen. Außerdem brannte der Eifer eines neuen Glaubens in ihnen, des Islam, dessen Gründer, der Prophet Mohammed, im Jahre 632 gerade erst gestorben war. Diese Krieger bangten nicht um ihr Leben, denn der Islam – das Wort bedeutet „Unterwürfigkeit" – lehrte sie, daß himmlischer Ruhm sie erwartete, wenn sie im Kampf für ihren Glauben fallen sollten.

Im Jahre 636 fügten die Araber in al-Qadisiyah östlich des Euphrat dem Sassaniden-Heerführer Rostam eine verheerende Niederlage zu, und 638 fielen sie in der Hauptstadt Ktesiphon ein. Der König, Jesdegerd III., floh, doch wurde er bei Merv ermordet. In der Schlacht bei Nihawend südlich von Hamadan brachen die Araber 642 den Widerstand der Perser.

Von nun an übernahmen die arabischen Kalifen – was Nachfolger (Mohammeds) bedeutet – die Macht über Persien. Sie machten Damaskus zu ihrer Hauptstadt, und das Leben ihrer Erben war von Intrigen und Mord geprägt. Ein Aufstand, den Abu Muslim anführte, ein Perser aus Chorasan, endete 750 mit dem Sturz der Kalifen-Dynastie der Omaijaden. An ihre Stelle traten die Abbasiden, die 762 Bagdad zu ihrer Hauptstadt machten und die persische Lebensart pflegten.

Wie schon viele Male zuvor in der Geschichte des Landes nahmen die Perser die Kultur der Eroberer an und veränderten sie dabei: 200 Jahre nach der Eroberung durch die Araber stand eine neue islamische Kultur vor ihrer Blüte, in der arabische und persische Einflüsse miteinander verschmolzen *(Kasten gegenüber)*. In den folgenden Jahrhunderten entstanden und zerfielen im persischen Hochland unter der Herrschaft des islamischen Kalifats von Bagdad mehrere persische Königreiche. Im 10. Jahrhundert kam es unter den Samaniden zu einem Höhepunkt der persischen Literatur, der in den Werken der Dichter Rudaki und Daqiqi seinen Ausdruck fand. Die Ghasnawiden, Nachfolger der Samaniden, errichteten im heutigen Afghanistan ein großes Königreich. Mahmud von Ghasni, der von 994 bis 1030 regierte, rief die hervorragendsten Dichter der Zeit zu sich in seine Hauptstadt Ghasni im Südosten Afghanistans, darunter Firdausi, der unter Mahmuds Schirmherrschaft sein großes Epos *Schahnameh* („Buch der Könige") schrieb.

Im 11. Jahrhundert fiel ein nomadisches Turkvolk aus dem Nordosten in Persien ein: die Seldschuken. Als erstes besiegten sie die Ghasnawiden. Als sie 1055 Bagdad eroberten, setzten sie den Kalifen nicht ab; vielmehr übernahm ihr Führer Toghrul-beg die Macht als Sultan. Im Jahre 1200 wurden sie von Dschingis Khan und seinen Mongolenhorden entmachtet, die in Persien ein Blutbad anrichteten: Vermutlich wurden zwei Drittel der Bevölkerung getötet.

Im 16. Jahrhundert brachte die Dynastie der Safawiden, die 1502 von Schah Ismail I. gegründet worden war, das Land wieder unter persische Herrschaft. Der berühmteste Safawiden-Herrscher, Schah Abbas der Große (1587–1629), veranlaßte in seiner Hauptstadt Isfahan den Bau prächtiger Bauwerke. Nach ihm drangen erneut fremde Heere in das Land: Afghanen, Russen und Türken. Im Jahre 1729 stellte der Feldherr Nadir Schah die persische Herrschaft wieder her.

Anfang des 20. Jahrhunderts kam es zu einer Revolution, in deren Verlauf der Offizier Resa Khan die Macht ergriff. Im Jahre 1926 wurde er Schah, und wie schon die Achämeniden nannte er sich „König der Könige". Im September 1941 trat sein Sohn Mohammed Resa Pahlawi seine Nachfolge an.

In der Revolution von 1978–79, die zur Gründung der heutigen Islamischen Republik Iran führte, wurde der Schah gestürzt, doch die religiöse Führung der Republik brach nicht vollständig mit der Vergangenheit. Vielmehr übernahmen Mullahs, islamische Geistliche, die Macht in einem Land, in dem die Religion auf eine lange Tradition zurückblickt. Der Iran gilt als Wiege der großen Religionen – Wissenschaftler sind der Meinung, daß das Judentum, das Christentum und der Islam selbst wichtige Glaubensgrundsätze vom Zoroastrismus übernahmen.

Die heutigen Iraner, die nach strengen islamischen Gesetzen leben, blicken mit Stolz auf die große Vergangenheit ihres Landes zurück. Sie besitzen eine Kultur von unermeßlichem Reichtum – mit Kunstwerken und Dichtungen, die von Göttern, Propheten, Zauberern, Liebenden und bedeutenden Königen erzählen, die in gewaltige Schlachten zogen.

Die Blütezeit des Islam

Als der Islam Persien eroberte, schien das persische Kunst- und Geistesleben zunächst erloschen. Doch gegen Ende des 1. Jahrtausends verschmolzen beide Kulturen zu einer glanzvollen neuen.

Ein bedeutender Aspekt dieser kulturellen Blüte war die Herausbildung der neupersischen Sprache. Sie war durch Elemente des Arabischen reicher geworden, und vor allem Dichter und Chronisten bedienten sich ihrer.

Man unterscheidet drei Stufen des Persischen: Alt-, Mittel- und Neupersisch. Altpersisch wurde bis zum 3. Jahrhundert v. Chr. gesprochen und gehörte zu den Sprachen, in denen Dareios seine in Keilschrift verfaßten Inschriften niederschrieb. Mittelpersisch oder Pehlewi war die Sprache des Sassaniden-Reiches; sie wurde bis ins 9. Jahrhundert n. Chr. benutzt.

Das Neupersische entwickelte sich mit der persisch-islamischen Kultur, die sich etwa zweihundert Jahre nach der Eroberung herausbildete. Es enthält viele arabische Wörter, und auch seine Schrift ist arabisch. Die Einheimischen nennen es Farsi, nach der Provinz Fars (Persis), der Heimat des Kyros.

Die erste Phase der persisch-islamischen Kultur fiel zeitlich mit der Blütezeit der Wissenschaften in Bagdad zusammen. Gelehrte befaßten sich nicht nur intensiv mit der Zeit der Sassaniden, sondern auch mit der übrigen Welt. Im 10. und 11. Jahrhundert schufen Geschichtsschreiber, Dichter und Philosophen Werke von anhaltendem Einfluß.

Eine der bemerkenswertesten Leistungen war die des Arztes und Philosophen Ibn Sina oder Avicenna (980–1037), der in Isfahan und Hamadan lehrte. Seine medizinische Pionierarbeit sollte in ganz Europa Anerkennung finden. Doch war dies kein Einzelfall – die Leistungen der islamischen Kultur jener Epoche spielten für die Entstehung der Renaissance in Europa eine große Rolle.

Die Kalifen von Bagdad erlebten die Geburt einer persisch-islamischen Kultur. Auf dieser farblich exquisit gestalteten Darstellung lesen Geistliche im Koran (Persien, etwa 15. Jahrhundert).

PRACHT UND WÜRDE

Kyros der Große aus der Dynastie der Achämeniden, der von 559 bis 529 v. Chr. regierte, mag sich als Gründer des ersten großen Perserreiches ewigen Ruhm erworben haben, aber der König, der die Blüte dieses Weltreiches herbeiführte, war Dareios I. (521–486 v. Chr.). Er dehnte das Hoheitsgebiet der Perser bis zum Ägäischen Meer im Westen und bis nach Indien im Osten aus. Und zur Krönung seiner Leistungen ließ er zwei der großartigsten Städte erbauen, welche die Welt je sah. Im Jahre 500 v. Chr. begann er mit der Errichtung seiner Sommerhauptstadt Persepolis und in Susa mit dem Bau seiner Winterresidenz. Der Aufwand, der für den Bau des Palastes in Susa getrieben wurde, war gewaltig: Dareios ließ Handwerker und Material aus allen Regionen kommen: Gold aus Baktrien, Lapislazuli aus Sogdiane, Türkis aus Ägypten und Elfenbein aus Äthiopien. Und als die Stadt fertig war, brachten Tributpflichtige aus allen Winkeln des Reiches Schätze herbei, um Dareios zu huldigen.

Dareios' Nachkommen fügten weitere Bauten hinzu, bis 331 v. Chr. Alexander der Große die Herrschaft der Achämeniden beendete und Persepolis niederbrannte. Susa wurde sich selbst überlassen. Heute vermitteln uns die Ruinen dieser beiden Stätten immer noch eine Ahnung von der Macht und der Pracht der persischen Könige.

Oben: Persepolis wurde auf einer großen Terrasse erbaut, die man aus dem Berg Rahmat gehauen hatte. Der *apadana,* der rund 10 000 Personen Platz bot, war über den hier abgebildeten Treppenaufgang zu erreichen, der so breit war, daß zehn Krieger nebeneinander hinaufreiten konnten. Die Steinreliefs zeigen große Lotosblüten, das Symbol der Erneuerung, sowie einen langen Zug von Tributpflichtigen, die gekommen sind, um den Achämeniden-Königen zu huldigen und ihre Schätze darzubringen.

Rechts: An beiden Stätten gibt es Fabelwesen, in Persepolis vor allem Greife. Die Steinskulpturen, die von hohen Säulen herabblickten, flößten den Besuchern der Stadt Ehrfurcht ein.

Oben: Dareios kannte sein Reich sehr genau und war sich seiner kulturellen Vielfalt wohl bewußt. Als junger Mann hatte er unter Kyros im Nordosten Persiens gedient und war mit Kambyses nach Ägypten gezogen. In den ersten Jahren seiner Herrschaft hatte er überall im Land Aufstände niedergeschlagen. Bilder wie dieses Relief, das einen parthischen Tributpflichtigen zeigt, sind ein Hinweis darauf, daß Persepolis als Mittelpunkt für die unterschiedlichen Völker des Reiches erbaut worden war.

Rechts: Obwohl Susa als Hauptstadt der Achämeniden berühmt wurde, war der Ort schon um 4000 v. Chr. besiedelt gewesen. Dieses Relief aus Bitumen (Ölschiefer) einer Frau beim Spinnen, der ein Diener frische Luft zufächelt, stammt aus neu-elamischer Zeit (um 700–600 v. Chr.), als Susa vom Assyrer-König Assurbanipal niedergebrannt wurde. Unter den Sassaniden (3.–7. Jh. n. Chr.) verfiel die Stadt zunehmend, und ihre Schätze wurden erst 1852 entdeckt, als britische Archäologen dort Ausgrabungen durchführten.

Links: Mehr als 3000 Figuren sind in Persepolis aus Mauern und Treppenaufgängen gehauen, und viele davon stellen Abgesandte unterworfener Gebiete dar, die gekommen sind, um dem König der Könige Tribut zu zollen. Alle sind sehr detailliert gestaltet, so daß Wissenschaftler ihre Herkunft bestimmen konnten. Diese Delegation aus Lydien bringt dem König kostbare Metallgefäße.

Rechts: Zu den schönsten Kunstwerken, die in Susa gefunden wurden, gehören die farbig glasierten Ziegelreliefs. Dieses hier aus dem Palast des Dareios zeigt einen Bogenschützen der Palastwache. Die bildschönen Farben, in denen das Gebäude ausgestaltet wurde, waren der Kunstfertigkeit von Handwerkern aus Babylon zu verdanken, wie eine alte Inschrift bezeugt. Ihre Ergänzung fanden diese Farben in den herrlichen Terrassengärten, die den Bau umgaben.

ALS DIE WELT NOCH JUNG WAR

Voller Entsetzen sahen Tausende Menschen von den Berghängen oberhalb der Stadt aus zu, wie der Königspalast in Flammen aufging. Fast zweihundert Jahre hatte man gebraucht, um aus allen Winkeln des Reiches Baumaterial zusammenzutragen und ihn zu errichten. Und in nur wenigen Stunden war alles zerstört.

Eine ganze Kultur ging in Flammen auf, als die griechischen Truppen Alexanders des Großen in Persepolis den Palast der persischen Könige aus der Dynastie der Achämeniden anzündeten. Fraglos ein vernichtender Niedergang Persiens – doch kann dieser Akt des Vandalismus auch als Niederlage der Griechen selbst gesehen werden, setzte er doch ihrem Anspruch ein Ende, eine überlegene, auf die Herrschaft des Geistes gegründete Kultur zu verbreiten. Die Seele Persiens hingegen, seine Denkweisen, Glaubensvorstellungen und seine Kunst überlebten die Ereignisse jener Nacht im Jahre 331 v. Chr., die der Herrschaft der Achämeniden ein so abruptes Ende bereiteten.

Lange Zeit hatte man angenommen, das heiligste Buch der Perser – das *Awesta* – sei den Flammen zum Opfer gefallen und seine mit Blattgold beschriebenen, geweihten Seiten aus besonders präparierter Ochsenhaut seien für immer verloren. Inzwischen jedoch nehmen Wissenschaftler an, daß es die Schriften im 4. Jahrhundert noch gar nicht gab, denn das heilige Buch der Anhänger des Zarathustra existierte zu jener Zeit nur in mündlicher Form. Erst im 6. Jahrhundert n. Chr. wurden die im *Awesta* erzählten Mythen niedergeschrieben. Die ältesten Versionen, die wir heute besitzen, stammen gar aus dem 13. Jahrhundert n. Chr. Wie auch immer, das Buch bildet eine Brücke zu den frühesten Zeiten des vorislamischen Persien: Sie führen bis in die arische Vergangenheit zurück. In den verschiedenen Teilen des *Awesta* – in den Gebeten des *Jasna,* im *Vendidad* („Gesetz gegen Dämonen“) und im *Jascht,* den Hymnen – finden sich heldenhafte Geschichten über die ersten Götter. Und viele mehr schrieb der Dichter Firdausi in seinem Epos *Schahnameh* nieder, dem „Buch der Könige“, das er im Jahre 1010 n. Chr. vollendete.

Doch die Ursprünge und Wurzeln der Helden dieser Geschichten, die als Teil des zoroastrischen Pantheons gefeiert wurden, sind sehr viel älter. Die folgenden Erzählungen aus dem *Awesta* und dem *Schahnameh,* dem Testament des großen und reichen Erbes Persiens, berichten von einer mythischen Epoche, in der diese Helden als Götter herrschten, den eigenen Gesetzen folgend.

Gegenüber: **Ein Gebetsteppich aus Täbris, auf dem der Saena-Baum dargestellt ist. Aus den Ästen jenes Baums erwuchs alles Leben. Der Teppich ist aus Seide geknüpft.**

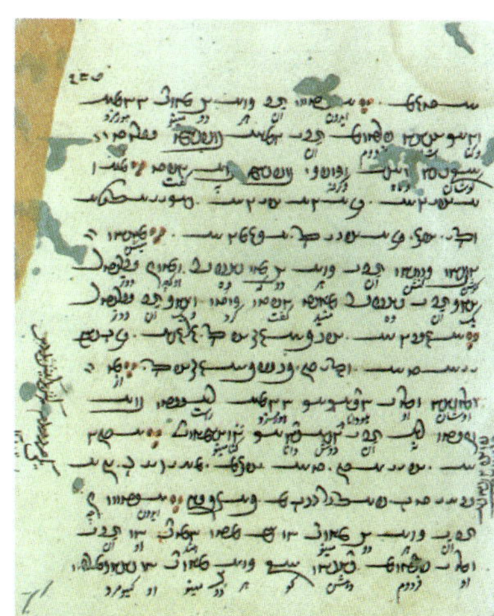

Unten: **Eine Seite aus dem *Jasna* des *Awesta.* Das Exemplar stammt aus dem Jahre 1323.**

Die Täler der Schöpfung

Die Vollkommenheit der Welt wurde durch die Ankunft des Bösen erschüttert, doch es ging auch eine gewaltige Kraft damit einher: Berge erhoben sich aus den Ebenen, Sterne nahmen ihren Platz am Firmament ein, und Regen nährte den üppigen Baum des Lebens.

Nach der ersten Schöpfung war die Erde vollkommen flach. Dann aber trat das Böse mit Macht hervor und brach die Ebene auf, so daß das zerklüftete Elbursgebirge entstand.

Ursprünglich war die Welt eine weite, flache Ebene ohne Berge, Täler oder Schluchten. Formlos und ohne Makel erstreckte sie sich bis zum Meer, über das kein Wind wehte und das von keiner Welle gekräuselt wurde. Nichts in dieser vollkommenen Welt veränderte sich, und selbst Sonne, Mond und Sterne standen unbeweglich am Himmelsgewölbe.

Diese Ordnung verwandelte sich in ein Chaos, als das Böse über die Welt hereinbrach. Wie ein Blitz schoß es über den Himmel und schlug in die Erde ein. Ihre Oberfläche wellte sich, und es entstanden Täler und Berge. 800 Jahre lang wuchs der Berg Elburs himmelwärts. In der schwindelerregenden Höhe seines Gipfels spannte sich die Brücke, über welche die Seelen der Gerechten eines Tages in die Ewigkeit schreiten würden, während weiter unten Dämonen die jammernden Sünder in die Hölle trieben.

Sterne, Sonne und Mond wurden von ihren Plätzen gedrängt und mußten fortan unaufhörlich über den Himmel ziehen. Ihre Wanderung war jedoch nicht ziellos. Auf ewigen Umlaufbahnen bewegten sie sich in den Rissen, die bei der Katastrophe im Himmelsgefüge entstanden waren. Der Kreislauf der Sonne trennte Tag und Nacht, und der Mond legte die Monate fest.

In noch größerer Höhe, jenseits des Elsbursgipfels, bildete sich das Wasser. Die himmlischen Winde sammelten es und trieben es in den kosmischen Ozean Vourukascha. Als Regen fiel es auf die Erde nieder, und durch Flüsse floß es in viele Meere. Zwei Ströme unter der Erdoberfläche brachten das Regenwasser in den Vourukascha zurück und vollendeten damit einen neuen Lebenskreislauf.

In der Ankunft des Bösen sahen die frühen Perser einen Anstoß für die Entstehung vieler Dinge. Denn obwohl es die glückselige Beständigkeit der ersten Schöpfung zerstörte, führte es nicht zu Anarchie. Vielmehr setzte es den dynamischen Rhythmus der Welt in Gang, wie wir ihn heute kennen.

Dieser persische Teller aus Gold und Email stammt aus dem 13. Jahrhundert. Die ihn zierenden Fische erinnern an die *kar,* die den Baum Hom, die Quelle des Lebens, schützten und die riesige Eidechse besiegten, die der Geist des Bösen gesandt hatte.

Diese neue Welt füllte sich mit Leben: Mitten aus dem Wasser des Vourukascha wuchs der Saena empor, der Baum der vielen Samen, dessen vielfarbige Äste die Samenkörner jeder Pflanzenart trugen. Der Baum war die Heimat des großen Saena-Vogels, der mit jedem Schlag seiner gewaltigen Flügel die Äste erschütterte. Dabei fielen Tausende von Samenkörnern auf die Erde hinab, gingen auf und schlugen Wurzeln. Eines Tages sandte der Geist des Bösen eine riesige Eidechse, die diesen Quell fruchtbaren Lebens angreifen sollte. Die Eidechse wurde jedoch von zehn Fischen, den *kar,* abgewehrt, die um die Wurzeln des Baumes herumschwammen, um Unheil von ihm abzuwenden. Auch das ewige Leben der menschlichen Seele wurde im Vourukascha aufbewahrt, und zwar in dem geheimnisvollen Baum Hom, der aus den unergründlichen Tiefen aufragte.

Der Regen bewässerte die Erde und verhalf ihr zu sprießendem Leben; er speiste die kreuz und quer fließenden Bäche und Flüsse, die in riesige, wogende Meere mündeten, und gab auf diese Weise der Erdoberfläche Gestalt. Sieben Landmassen, *keschvar,* waren nun voneinander getrennt: Die Landmasse *chvanirath,* die dem Mittelpunkt der Erde am nächsten lag, war so groß wie alle anderen zusammen.

Hier, am Ufer des Flusses Veh Daiti, weidete das erste Tier, ein gewaltiger Stier, dessen weißes Fell so hell leuchtete wie der Mond. Als dieses wunderbare Urtier vom Geist des Bösen in einem erbitterten Kampf getötet wurde, floh seine Seele zum Mond. Aus seinem Tod entstand Leben: Sein Samen tropfte aus der himmlischen Sphäre auf die Erde hinunter und brachte dort die einzelnen Tierarten hervor.

Am anderen Ufer des Flusses wohnte der erste Mensch, Gajomartan. Auch er würde eines Tages den Kampf gegen die Macht des Bösen verlieren, sein Samen aber würde nicht zerstört werden. Vierzig Jahre lang ruhte er in der Erde, bis er als geweihte Rhabarberstaude aus dem Boden sproß. Aus einer Gabelung seiner Blattstiele wurden die heiligen Zwillinge Maschja und Maschjanag geboren. Diese beiden waren die ersten Sterblichen – unsere Urahnen.

Krieg im Herzen des Lebens

Der Kampf, der in der Natur wütete, nahm in den Göttern des persischen Pantheons Gestalt an. An ihrer Spitze stand Ahura Masda, der „Weise Herr" und große Schöpfer, herrschend über eine Schar von Göttern, welche die Schönheit und Vielfalt des Universums in sich vereinten.

Umgeben von strahlendem Licht wohnte Ahura Masda am höchsten Ort, der von keinem Schatten erreicht wurde. Weiter unten lag jenseits einer großen Leere ein Abgrund, in dem sich Angra Mainju, der Böse, in der Dunkelheit krümmte. Er hatte sich für die Verruchtheit entschieden, und wann immer er nun den vor Rechtschaffenheit strahlenden Weisen Herrn hoch über sich erblickte, verspürte er den Drang, ihn anzugreifen. In den folgenden Kämpfen mußte sich Ahura Masda, der große Schöpfer des Universums und Herr alles Seienden, nach Hilfe umschauen. Vaju, der Gott des Windes, sollte ihm den Sieg bescheren.

Der Dualismus, der die Grundlage für alle vorislamischen Religionen Persiens bildete, ist manchmal verwirrend. Das Böse kann so mächtig sein wie das Gute und sogar eine konstruktive Macht; manchmal benötigen große Götter die Hilfe geringerer, um sich zu behaupten. Solche Gegensätze erklärten nicht nur die vielfältigen Widersprüche des Seins, sondern machten auch die wechselnden Rhythmen deutlich, in denen das menschliche Leben verläuft. Und der endlose Zyklus von Tag und Nacht, von Dürre und Regen, von Sommer und Winter kam in den vielen persischen Gottheiten zum Ausdruck.

Von diesen vertrat Vaju, der Windgott, die dem Sein innewohnenden Gegensätze am besten. Einerseits war er Ahura Masdas starker rechter Arm, andererseits lag sein Hoheitsgebiet in der Leere, in der Gut und Böse aufeinanderprallten: Krieg und Rivalität gehörten untrennbar zu seinem Leben. Aber der Kampf zwischen Gut und Böse, Licht und Finsternis konnte niemals entschieden werden, denn genau dieser Streit war die Hauptquelle des Lebens.

Ein anderer Diener des Ahura Masda war der Regengott Tischtrja, der am Himmel als der Stern Sirius erschien. Mit seinen erfrischenden Regengüssen, die er aus dem Ozean Vourukascha mitbrachte, wurde alles Leben auf der Erde genährt und gehegt – aber auch er mußte um jeden Flecken Bodens heftig kämpfen. Die Hexe Duzhjairja, Geist der Mißernte, stand stets bereit, seinen Bemühungen Widerstand zu leisten, und in Apaoscha, dem Dämon der Dürre, hatte er einen schrecklichen Widersacher.

Jedes Jahr, wenn das Erdreich trocken wurde und in den Sommermonaten verdorrte, trabte Tischtrja in Gestalt eines weißen Pferdes, dessen Rücken eine goldene Schabracke zierte, zum Ufer des Vourukascha hinunter, um von dort Wasser zu holen. Und jedes Jahr forderte ihn Apaoscha in Gestalt eines gewaltigen

Der Windgott Vaju ziert die Vorderseite dieser Münze aus der Zeit von Vasudeva I. (um 164–200 n. Chr.). Vaju war einer der Kämpfer Ahura Masdas gegen Angra Mainju.

Das Böse und seine Gesichter

Die bösen Geister oder „jatu" lassen sich in zwei Hauptgruppen einteilen: jene, die die Sterblichen direkt angriffen, und jene, welche die Lebensgrundlagen der Menschen bedrohten.

Im Einklang mit dem persischen Dualismus wurde das Wort *jatu* sowohl für böse Geister als auch für die gütigen Zauberer benutzt, die diese bekämpften. Entsprechend leitete sich das Wort *div* (Dämon) von dem alten persischen Wort für Gottheit ab. Ein *div* war ein „falscher Gott", der in das Leben der Menschen eingriff. Die weiblichen unter ihnen, die *pairaka,* waren häufig grausamer als die männlichen. Hinter einer Ratte, einer Sternschnuppe, ja sogar einer unscheinbaren Fliege konnte sich ein Dämon verbergen. Der rechtschaffene Mensch mußte stets auf der Hut sein.

Ein geflügelter Dämon aus Bronze. Späte sassanidische oder frühe islamische Kultur, etwa 7.–8. Jahrhundert.

schwarzen Pferds zum Kampf heraus. Laut wiehernd bäumte sich Apaoscha auf, und wild schlug er mit seinen harten Hufen aus. Der Regengott mußte zurückweichen und klagte daraufhin Ahura Masda sein Leid darüber, daß die Menschheit ihn fallengelassen habe. Denn hätte sie ihn nach Gebühr mit allen vorgeschriebenen Opfern verehrt, wäre er so stark gewesen wie zehn Pferde, Kamele und Stiere und zehn Berge und Flüsse zusammen – nicht einmal Apaoscha hätte einer solchen Kraft standhalten können. Statt dessen aber verlor Tischtrja die Schlacht jedes Jahr, so daß der so benötigte Herbstregen nicht fiel und die Dürre nicht enden wollte. Nur Ahura Masdas direktes Eingreifen konnte das Leiden auf der Erde beenden.

Schließlich brachte der Weise Herr selbst Tischtrja ein Opfer dar, und auf der Stelle wurde der Regengott sichtlich stärker. Noch einmal galoppierte er an die Küste des Vourukascha hinunter, um Wasser zu holen, und erneut forderte Apaoscha ihn heraus. Doch jetzt besiegte das Pferd des Lichts seinen dunklen Gegner mit Leichtigkeit. Es trampelte ihn mit seinen Hufen nieder und wieherte triumphierend auf. Sofort begann der kosmische Ozean zu brodeln, und riesige Dampfwolken türmten sich auf. Tischtrja sammelte sie alle ein und trieb sie mit starken Winden auf die Erde hinab.

Die hungernden Bauern jauchzten vor Freude, als sie die riesigen Wolken erblickten, die am Horizont aufgezogen waren. Als der Sturm ausbrach, dankten sie Tischtrja und Ahura Masda von ganzem Herzen und brachten ihren heiligen Göttern alle nur erdenklichen Opfer dar.

Wieder einmal hatte der Regen sie gerettet. Dank Ahura Masda hatte sich Tischtrja erneut behauptet. Aber jeder wußte, daß der Sieg nicht ewig währte. Apaoscha war diesmal überwunden worden, aber er würde zurückkehren: Im nächsten Jahr mußte der Kampf erneut ausgetragen werden.

Die Göttin und der Krieger

Zwei große Gottheiten waren charakteristisch für die widersprüchliche Natur des alten persischen Glaubens. Anahita war sanfte Fruchtbarkeitsgöttin und rachsüchtige Kriegerin zugleich, die Leben gab und nahm. Und der triumphierende Siegesgott Verethragna wurde in mindestens zehn Gestalten verehrt – vom Jüngling bis zum Stier, vom Raben bis zum Widder.

Alles Leben im Universum begann und endete mit Anahita, denn sie war die Göttin des Wassers, der Urgeist des Ozeans Vourukascha. Sie war die Quelle aller Bäche, die über die Hänge des Berges Elburs in den kosmischen Ozean flossen. Ihr Wasser war der Quell der Fruchtbarkeit auf der Erde. Eine gütigere Göttin als Anahita konnte man sich nicht vorstellen – und dennoch war dieses gewaltige Wesen in seiner äußeren Erscheinung alles andere als mütterlich.

Vier schnaubende weiße Pferde zogen ihren Wagen, wenn sie wie ein Sturm über den Himmel raste. Sie hießen Wind, Regen, Wolke und Graupel, und sie verdunkelten den Himmel und überzogen die Erde mit Kälte. Inmitten von Dunstschwaden rauschte die strahlende Anahita stolz dahin, eine furchteinflößende Kriegerin, die ebenso schrecklich wie schön war. Wie eine Statue stand sie da, die funkelnden Augen verrieten ihre vornehme Herkunft. Ihr Haupt zierte ein mit acht Sonnenstrahlen und hundert Sternen geschmückter goldener Kranz, der das glänzende Haar zurückhielt. Wallend wehte es hinter Anahita her, wenn sie über den Himmel jagte. Goldplättchen schmückten die Ohren, um den Hals lag eine funkelnde Kette, und ein mit Goldfäden bestickter Umhang bedeckte die Schultern. Mit der einen Hand lenkte sie ihre Pferde, die sie zu immer größerer Geschwindigkeit anspornte, in der anderen hielt sie das heilige Rutenbündel, das Symbol ihrer göttlichen Macht.

Verehrt von den Guten und den Bösen

Wie so vieles in der persischen Mythologie erscheint dem modernen Menschen das Bild einer so kriegerischen Lebenspenderin widersprüchlich. Doch war Anahitas zwiefache Rolle durchaus logisch. Als Göttin der Fruchtbarkeit und des Lebens wurde sie von denen verehrt, die auf dem Schlachtfeld dem Tod ins Auge sahen. Das erklärt, warum die mythischen Helden in dem großen Gebet des *Awesta,* dem *Aban Jascht,* Anahita anriefen.

Anahita wurde von den Geistern des Guten und des Bösen gleichermaßen verehrt: Im *Aban Jascht* heißt es, daß auch die dämonischen Kräfte Anahita Opfer darbrachten und sie in der Not um Hilfe anflehten, so etwa Afrasiab, der Herrscher von Turan. Die Perser betrachteten die jahrelangen Streitigkeiten mit dem Königreich Turan im Norden als symbolischen Kampf zwischen Gut und Böse, und dementsprechend war Afrasiab ein Vertreter des Bösen.

Die Gesichter des Sieges

Ebenso doppelsinnig war die Gestalt des Kriegs- und Siegesgottes Verethragna. Dem *Bahram Jascht* zufolge kann er nicht weniger als zehn unterschiedliche Gestalten annehmen. Einmal erscheint er als Sturm, ein anderes Mal als weißer Stier mit gelben Ohren und goldenen Hörnern. Als weißes Pferd mit goldener Schabracke steht er für Schnelligkeit und Beweglichkeit im Krieg, als brünftiges Kamel symbolisiert er geschlechtliche Kraft und männliche Stärke. Als angriffswütiger Eber ist er der am besten bewaffnete, fürchterlichste Gott, als fünfzehnjähriger Jüngling die körperliche Vollkommenheit. Verethragna gleitet mühelos wie ein Rabe durch die Lüfte, jagt in Gestalt eines Widders über die Erde und kämpft mit der Wildheit eines Hirsches, bewehrt mit einem enormen Geweih. In seiner zehnten Gestalt ist er ein Mann mit einem langen Schwert aus funkelndem Gold, ein treffendes Symbol außergewöhnlicher Männlichkeit und unwiderstehlicher Kraft.

Besonders beliebt war Verethragna in Gestalt eines in großer Höhe schwebenden Raben. Der Rabe, der in vielen anderen Kulturen als böses Omen gilt, war bei den Persern ein wirkmächtiges Schutzamulett. Wenn ein Mann einen Knochen oder eine Feder dieses Vogels in der Hand halte, so hatte Ahura Masda einst erklärt, werde Verethragnas große Kraft in seine Glieder fließen, und niemand könne ihm dann mehr einen Hieb versetzen oder ihn in die Flucht schlagen. Vielmehr werde er mit dem göttlichen Beistand des Siegesgottes alle seine Gegner vertreiben und seinen mächtigsten Feind besiegen. Selbst der stolzeste Widersacher werde ihm huldigen. Wenn die Perser Verethragna in gebührender Weise Opfer darbrächten, so der große Schöpfer, werde ihr Reich vor jeder Gefahr bewahrt. Wenn sie aber ihre Pflichten vernachlässigten oder gar mit mörderischen oder unzüchtigen Händen die Opfergaben und Altäre der Götter beschmutzten, würden die Folgen schrecklich sein. Böse Geister würden im ganzen Land wüten, Seuchen die Menschen heimsuchen und Feinde ungehindert plündern und morden. Verethragna, so schien es, mußte um jeden Preis besänftigt werden.

Mithras treuer Beschützer

Mithra war der ruhmreiche Sonnengott. Ihm zur Seite stand ein wilder Eber – eine Manifestation des Verethragna selbst.

Der Eber stürmte vor dem Sonnengott in die Schlacht und brachte ihm in jedem Kampf den Sieg. Seine Hufe und sein Kiefer aus Eisen machten ihn zu einer unbesiegbaren Waffe, und mit seinen spitzen, stählernen Hauern konnte er den Gegner mit einem einzigen lässigen Stoß töten. Allein durch das Zurückwerfen seines wuchtigen Kopfes schleuderte er starke Krieger in alle Himmelsrichtungen durch die Luft. Mit seinen Hauern mähte er die feindlichen Reihen nieder wie Getreidehalme. Wer das Pech hatte, zu Boden zu stürzen, wurde aufgespießt und zertrampelt, während der Eber durch einen stinkenden Sumpf aus Blut, Hirn, zermalmten Knochen und verfilzten Haarbüscheln hindurch weiterstürmte.

Feuerkult und Visionen im Rausch

So weit die Welt der Götter entfernt sein mochte – man konnte doch durch alte Rituale wie den Feuerkult und den Genuß des heiligen Tranks Haoma Zugang zu ihr erlangen. Die heiligen Wesen selbst konnten aus den Flammen eines geweihten Scheiterhaufens beschworen werden, und der Rauschtrank Haoma rief Visionen hervor, in denen die Götter ihre Geheimnisse verrieten.

Der jahrtausendealte Gefährte des Menschen, das Feuer, ist nicht immer sein treuer Freund gewesen. Die gezähmteste aller Naturgewalten ist ein zwiegesichtiges Element, das Wildheit in sich birgt. Der Diener, der seinem Herrn das Mahl kocht, bedient sich des Feuers und kann sich dabei Verbrennungen zuziehen. Wenn die Lampe, die in der Nacht das Haus erhellt, von ihrem Ständer gestoßen wird, kann sie eine Feuersbrunst auslösen, die das Haus zerstört. Der Wächter, der mit seiner Fackel das Raubgesindel fernhält, kann damit ein schlafendes Dorf ins Unglück stürzen.

Gläubige vor einem Feueraltar. Rückseite einer Münze aus der Zeit Schapurs I. (241–272 n. Chr.), eines Sassaniden-Königs.

Aufgrund all dieser gegensätzlichen Eigenschaften übte das Feuer auf die Perser mit ihrer dualistischen Weltanschauung eine ganz besondere Faszination aus. In seiner Lebenskraft sahen sie ein Bild für die Macht, die das Universum als Ganzes vorantreibt: Aus dem Nichts heraus kann ein Funken an einem Stück Brennholz zu einer lebendigen Flamme werden. Den Beweis dafür, daß das Feuer mit den Göttern in Verbindung steht, sah man in der Tatsache, daß seine Flammen stets himmelwärts lodern, als ob sie spürten, daß ihre eigentliche Heimat dort zu finden sei. Als mystische Zwischenmacht zwischen Menschen und Göttern verschlang es irdische Opfergaben und sandte sie in Form von Rauch gen Himmel.

Feuer setzte man auch in der Rechtsprechung ein. Häufig wurde ein Angeklagter, den man eines Verbrechens beschuldigte, mit Hilfe des Feuers einem Gottesurteil unterworfen. Verdächtige wurden gezwungen, zwischen zwei Feuerbänken hindurchzugehen, oder man goß ihnen geschmolzenes Metall über die Brust. Überlebten sie, wurden sie vom höchsten Richter freigesprochen.

Die Gestalt, welche die Perser am engsten mit dem Feuer assoziierten, war Atar, der Sohn des großen Schöpfers Ahura Masda. Als tapferer Krieger, der unermüdlich gegen den Dämon der Finsternis kämpfte, war er ein Verbündeter des ruhmreichen Mithra, des mächtigen Gottes der Sonne. Atar ritt hinter Mithras glühendem Streitwagen, während Verethragna in Ebergestalt vorausgaloppierte *(Kasten Seite 33)*. Atars berühmteste Tat war die Verteidigung Mithras, als dieser von dem teuflischen Drachendämon Azhi Dahaka angegriffen wurde. Der gewaltige Kampf, der sich daraufhin entfesselte, ist im *Zamjad Jascht* des *Awesta* eindrucksvoll beschrieben.

Der Kampf gegen den Drachen

Azhi Dahaka war die mächtigste Verkörperung des Bösen und der Zerstörung, die man sich überhaupt vorstellen konnte: Seine drei Köpfe versetzten ihn die Lage, jeden bösen Gedanken auszuhecken, seine drei Mäuler, jede nur erdenkliche Blasphemie hinauszuschleudern. Wenn es einen *div* gab, der Mithras göttlichen Ruhm auslöschen konnte, dann war er es. Seine sechs Augen nahmen alles wahr, was in der Schöpfung existierte, und seine tausend Sinne wußten alles, was geschah. Sein schreckliches Äußeres erfüllte alle mit Furcht, und der Feuergott war keine Ausnahme. Atar mußte zurückweichen, als er sah, wie sich Azhi Dahaka auf Mithra stürzte und versuchte, ihm die göttliche Flamme aus der edlen Hand zu reißen. Voll Verachtung sprach der Dämon zu ihm und drohte, sein Licht für immer auszulöschen, wenn er es wage, zugunsten Mithras einzugreifen. Dennoch warf Atar sich dem Angreifer mutig entgegen und drohte ihm seinerseits, seine Lenden und seine dreifache Kehle auflodern zu lassen, sollte er Mithra nicht in Ruhe lassen. Nun mußte Azhi Dahaka vor Schreck zurückweichen: Er zog seine drei Köpfe ein und trollte sich. Dank Atars Mut war der göttliche Ruhm gerettet.

In einer anderen berühmten Tat eilte Atar der Welt zu Hilfe, als nämlich ein *div* den Beginn der jährlichen Regenfälle verzögerte. In Gestalt eines Blitzes schnellte er vom Himmel herab und schlug den Dämon nieder. Nun konnten die schweren Regenwolken ungehindert weiter vordringen. Das scheinbar ungewöhnliche Bündnis zwischen Feuer und Wasser erinnert einmal mehr daran, daß die Gegensätze, die dem persischen Universum zugrundelagen, nicht unseren eigenen Vorstellungen entsprechen. Dunkelheit und Tod waren der ewige Feind der Menschen, und Feuer gehörte zu den stärksten Symbolen von Licht und Leben. Seine heiligste Aufgabe bestand in der Vertreibung finsterer Geister.

Feuer des ewigen Lichtes

Zur Zeit der Sassaniden gab es drei „ewige" Feuer, die ständig brannten und in denen sich die drei Stände – Krieger, Priester sowie Handwerker und Bauern – widerspiegelten. Doch wenn Fremde sagten, die Perser beteten das Feuer selbst an, wiesen diese solche Behauptungen verärgert zurück.

Haoma, der göttliche Rauschtrank

Der Saft der Haoma-Pflanze war so gelb wie die Strahlen der Sonne und so flüssig wie der lebenspendende Regen. Seine Eigenschaften sollen göttlicher gewesen sein als die von Sonne und Regen.

Dichter und Priester fanden ekstatische Inspiration in den Visionen, die der Saft in ihnen hervorrief, und Krieger bewiesen im Kampf große Tapferkeit. Diese Eigenschaften machten die Pflanze zu etwas Besonderem, und natürlich hatte sie auch ihren eigenen Gott: Haoma, Herr der Ernte.

Wem unter dem Einfluß des göttlichen Trankes ein Blick in den Himmel vergönnt war, der rief Haoma um Glück und Gesundheit an. Er bat um ein langes Leben, damit er dieses Geschenk ausgiebig genießen könne, und um Söhne und Töchter, denn unzählige Generationen sollten sich ebenfalls daran erfreuen.

Für ähnliche Zwecke benutzten die Zoroastrier die Essenz Ephedrin, gewonnen aus Pflanzen der Gattung Ephedra, doch woraus Haoma damals bestand, ist unbekannt. Der Genuß dieses Rauschtranks erzeugte eine Trance, in der die Realität von Visionen göttlicher Erkenntnisse abgelöst wurde. Haoma spielte in religiösen Ritualen eine Schlüsselrolle.

Grüner Glaskelch aus der sassanidischen oder frühen islamischen Kultur, 5.–7. Jahrhundert n. Chr.

Die ersten irdischen Könige

Alle gute Macht des Universums wurde von den Göttern ausgeübt, doch waren es sterbliche Könige, welche die Grundlagen der Kultur schufen. Da die Menschen gerade erst das Kochen, Weben und Zähmen von Tieren gelernt hatten, wurde es notwendig, die noch junge Kultur vor den zerstörerischen Absichten der bösen Geister zu schützen.

Firdausis *Schahnameh* zufolge war Kajumars der erste sterbliche König. Er besaß göttliche Macht und blickte von seinem Thron, der sich auf dem Gipfel eines hohen Berges befand, auf die Welt hinunter. Viele Dinge schenkte er ihr: Sein Gewand aus Leopardenfell war die erste Kleidung, und die Nahrung, die sein Gefolge sammelte, waren die ersten menschlichen Speisen.

Seine Herrschaft währte dreißig Jahre. In dieser Zeit huldigten ihm Natur und Menschen. Seine Tugendhaftigkeit erhellte die Welt wie eine Sonne, und seine Reinheit beleuchtete sie wie der Mond. Der Begriff der Ehrfurcht begann mit Kajumars, denn seiner Meinung nach sollten Männer und Frauen in ihrem Streben nach irdischer Vollkommenheit die Gesetze des Himmels befolgen. So machte er die Menschen mit der Religion bekannt.

Unter seiner Fürsorge gedieh die Welt, und viele Jahre herrschte Frieden. Doch obwohl seine ruhmreichen Tugenden die Mächte des Bösen einstweilen in die Schranken wiesen, konnten diese nicht auf immer ferngehalten werden. Der Kampf zur Rettung des Königreiches war blutig und langwierig, aber Kajumars und seine Nachkommen gaben nicht auf.

Den ersten Angriff gegen das glückliche Reich führte der Schwarze Dämon, der Sohn des großen bösen Geistes Ahriman (Angra Mainju im *Awesta)*. Der Schwarze Dämon tötete Kajumars' Sohn Siamak, und das brach dem König fast das Herz. Doch er gewann seine Fassung zurück und rief seinen Enkel Huschang zu sich. Er sagte dem Jüngling, daß Siamak gerächt werden müsse. Da er selbst jedoch in der bevorstehenden Schlacht den Tod finden werde, würden die Pflichten eines Königs auf Huschang übergehen.

All dies geschah. In dem folgenden Kampf schlug Huschang den Mörder seines Vaters nieder, hieb dem *div* den Kopf ab und trampelte ihn verächtlich in den Schlamm. Dann starb Kajumars, dessen Lebenswerk durch die mutige Tat seines Enkels Erfüllung gefunden hatte, und voll Ehrfurcht übernahm Huschang die Krone. Bei der Thronbesteigung kün-

Im *Schahnameh* heißt es, Kajumars, der auf diesem Aquarell aus dem 19. Jahrhundert dargestellt ist, sei der erste sterbliche König gewesen. Ihm hat die Menschheit viele nützliche Dinge zu verdanken, darunter die erste Kleidung.

digte der junge Mann eine neue Ordnung an: Durch ihr überlegenes Geschick sei die Menschheit dazu bestimmt, die wilde Erde zu zähmen.

Huschang verschwendete keine Zeit, um diese neue Ordnung einzuführen. Als erstes fand er einen wunderbaren Prüfstein, mit dem er Eisenerz aus dem Felsgestein herauslösen konnte. Da er sämtliche Methoden der Metallbearbeitung beherrschte, stellte er Werkzeuge, Waffen und Gefäße her. Mit Äxten und Sägen bauten Huschangs Untertanen ihre Häuser, mit anderem Gerät bearbeiteten sie das Erdreich. Über ein ausgedehntes Netz von Kanälen und Gräben leiteten sie nach der Aussaat Wasser aus den Flüssen auf die Felder. Die ersten Hacken erleichterten die Feldarbeit, und scharfe Sicheln halfen bei der Ernte. Tiere wurden gezähmt und als Zug- oder Lasttiere eingesetzt oder einfach so lange auf den Weiden gelassen, bis ihr Fleisch, ihr Fell und ihre Wolle gebraucht wurden. Diese Wolle wurde gesponnen und gewebt, und aus dem Stoff wurden Kleidungsstücke gefertigt. Wo Männer und Frauen einst in Unwissenheit und Furcht wie Tiere gehaust hatten, gestalteten sie nun voller Stolz und Selbstvertrauen die Welt, in der sie lebten.

Die Entdeckung des Feuers

König Huschang entdeckte auch das Geheimnis, wie man ein Feuer entfacht und dessen Kraft nutzt. Als der König eines Tages mit seinem Gefolge in den Bergen auf der Jagd war, sah er, wie ein riesiges Ungeheuer den Abhang hinunter auf sie zustürmte. Es war schwarz und wild, seine Haut war wie Stein, seine Augen glichen Blutlachen, und aus seinem Maul quoll dichter Rauch hervor. Des Königs Männer wichen erschrocken zurück, nur Huschang blieb stehen. Seelenruhig hob er einen Stein auf und schleuderte ihn dem unheimlichen Wesen entgegen. Obwohl der schwarze Unhold offenbar nicht verletzt war, machte er kehrt – doch vorher hatte der König gesehen, wie an der Stelle, wo er die steinige Haut des Ungeheuers getroffen hatte, ein Funken aufgeblitzt war. Dies war die Geburt des Feuers. Huschang sank auf die Knie und dankte seinem Schöpfer für das Geheimnis, das er ihm offenbart hatte: Von da an besaßen die Menschen das Feuer, das sie mit den Göttern verband.

Auch Huschangs Nachfolger Tahmuras kämpfte tapfer, um die Menschen von den Fesseln des Bösen und der Unwissenheit zu befreien. Er trieb Dämonen aus, beendete schwarze Magie und Götzendienst und schuf ein Zeitalter der Weisheit und Wahrheit. Tahmuras' größte Tat war sein Sieg über den Erzdämon Ahriman. Den bezwungenen Herrn des Bösen verwandelte er in ein Roß, legte ihm Zügel an, sattelte ihn und ritt auf ihm dreißig Jahre lang um die Erde. Erst als Ahriman in seiner Verzweiflung versprach, ihm die Künste des Lesens und Schreibens zu offenbaren, ließ Tahmuras ihn wieder frei.

Figur eines Pferdes aus Gold und Silber, persisch, etwa 14.–15. Jahrhundert. Tahmuras, Huschangs Nachfolger, verwandelte Ahriman in ein Roß, das er dreißig Jahre lang ritt, bis ihm der Dämon die geheimen Künste des Lesens und Schreibens offenbarte.

Jahre des Friedens und Wohlstands

In einigen Erzählungen ist Jima der größte der persischen Könige. Unter seiner tausendjährigen Herrschaft lebten die Menschen in vollkommenem Frieden und Wohlstand. Mit dem Segen des großen Gottes Ahura Masda vereitelte er selbst Angra Mainjus arglistige Pläne.

Firdausi berichtet, daß Dschamschid seinem Vater Tahmuras auf den Thron folgte. Gemäß dem *Awesta* aber war Persiens größter König Jima, dem auch die vielfältigen kulturellen Fortschritte zuzuschreiben seien, und nicht Huschang oder Dschamschid.

Im *Awesta* wird Jimas tausendjährige Herrschaft als ein goldenes Zeitalter beschrieben. Die Menschen lebten ohne Sorgen, und es mangelte an nichts. Ahura Masda hatte Jima die Herrschaft über die Welt anvertraut, und Jima hatte dem Weisen Herrn versprochen, sein Königreich vor Unheil zu bewahren. Solange er König sei, werde kein eisiger Wind wehen und kein glühender Sturm die Erde versengen. Krankheit und Tod sollten in einer Welt, in der alles gut war, fremd sein, und kein *div* sollte es wagen, sein Gesicht zu zeigen.

Erfreut schenkte Ahura Masda dem König zum Zeichen seiner Macht einen goldenen Ring und einen Dolch. Unter Jimas Herrschaft erblühte die Welt wie nie zuvor. Männer und Frauen, Vögel und Tiere gediehen, und Jahr für Jahr nahm die Bevölkerung zu.

Nachdem jedoch 300 Winter vergangen waren, hatte die Erde nicht mehr genügend Raum für all ihre Geschöpfe, und die Idylle drohte sich in einen Alptraum zu verwandeln. Ahura Masda wollte den König

vor der Gefahr warnen, aber er traf ihn vollkommen ruhig an: Jima nahm einfach seinen Ring und seinen Dolch, drückte sie in den Boden und befahl der Erde, sich zu öffnen und auszudehnen, um für alle genug Platz zu schaffen. Daraufhin begann der Boden unter ihm zu knirschen und zu beben, und ein breiter Abgrund tat sich auf. Rechts und links wichen die Horizonte zurück, während sich die Welt an einer dritten Seite ausdehnte. Nun gab es genug Platz für alle Menschen und alle Tiere.

Noch zweimal füllte sich die Erde bis zum Zerbersten, und jedesmal steckte Jima seinen goldenen Ring und seinen Dolch in den Boden und befahl der Welt, sich zu strecken, um allen Platz zu bieten. Und jedesmal gehorchte die mächtige Erde seinem Befehl und dehnte ihre Horizonte aus.

Drei todbringende Winter

Derart unvergleichliches Glück konnte nicht von Dauer sein. Der Herr des Bösen schaute voll Bitterkeit im Herzen auf Jimas Welt. Der Anblick derartigen Überflusses machte ihn krank, und er beschloß, mit drei schrecklichen Wintern, in denen jedes Lebewesen zugrunde gehen sollte, Leid über das Land zu bringen.

Der große Schöpfer Ahura Masda wußte jedoch von diesen bösen Plänen und gab Jima den Rat, ein großes *vara* zu errichten, ein riesiges Gehege, in dem alle Bestandteile des Lebens den tödlichen Sturm in Wärme und Sicherheit überstehen könnten. In dieses Gehege sollte Jima die Samen aller Pflanzen bringen. Rinder, Pferde, Schafe und Ziegen, jede Art von Federvieh, sämtliche Haustiere und Vögel sollten vertreten sein, denn es würde dort Raum genug geben für alle, um den eisigen Winter zu überleben und sich zu vermehren. Dann befahl der Schöpfer Jima, Bäche umzuleiten, Uferbänke aufzuschütten und Täler auszuheben, damit auch jede Landschaftsart im *vara* vertreten sei und er die Lebensräume aller wilden Tiere und Vögel auf der Erde nachbilden könne. Und genau in der Mitte des *vara* sollte es eine kleine Stadt mit neun einander kreuzenden Straßen geben; dort sollten die Menschen leben und sich vermehren. Die Samen der Männer und Frauen sollten sorgfältig ausgewählt werden, damit es keine körperlichen Mißbildungen oder moralischen Schwächen gebe, denn diese waren die Schandmale Angra Mainjus auf den Körpern und Seelen der Menschheit.

Jima tat, wie ihm befohlen worden war, und hatte seine Vorbereitungen gerade beendet, als der eisige Wind des ersten bösen Winters zu wehen begann. Er versiegelte den Eingang mit seinem heiligen Goldring, lehnte sich innerhalb der sicheren Grenzen des *vara* seelenruhig zurück und wartete, während Schneestürme über die Welt hinwegfegten. Die Erde draußen siechte dahin und starb, aber im *vara* wuchs inmitten von Wärme und Sonnenschein eine Gemeinschaft heran, eine neue Welt mit Menschen, Pflanzen und Tieren, die langsam Gestalt annahmen.

Drei Jahre später legte sich der Sturm, und es herrschte eine erwartungsvolle Stille auf der Erde. Jima stieß das Tor des *vara* auf, und sein Blick fiel auf eine unheimliche Leere. Die hinter ihm eingepferchte Energie konnte nicht lange zurückgehalten werden: Leben wogte auf, um die wartende Welt neu zu beleben. An Stellen, die mit einem dichten Gras- und Blumenteppich überzogen waren oder an denen Büsche und Bäume wuchsen, sah die Landschaft schon bald frischer aus als früher. Schafe

Ein persischer Dolch aus dem 19. Jahrhundert. Als König Jima seinen Dolch in die Erde steckte, dehnte sie sich und schuf genug Raum für alle.

Auf diesem persischen Gemälde (17. Jahrhundert) ist die Fülle der Natur dargestellt. Ähnlich wie in Noahs Arche konnten die Pflanzen und Tiere in Jimas *vara* die Katastrophe überleben.

und Rinder grasten auf den ehemaligen Weiden in den wellenförmigen Ebenen. Wilde Tiere erkundeten die Tiefen der Urwälder. Vögel stiegen auf und flogen in großer Höhe, wo sie den weiten, leeren Raum des Himmels schwebend genossen. Männer und Frauen zogen unterdessen aus, um die Erde zu besiedeln, und begannen mit der Gründung von Dörfern und Städten. Und alle freuten sich, daß Jima das *vara* gebaut und dadurch die Welt gerettet hatte.

Dschamschid

Im *Schahnameh* erlebte die Erde erst unter Dschamschids Herrschaft ihre erste Blüte. Der Schlüssel zu diesem Erfolg war seine Fähigkeit, aus Eisen Kriegsgerät zu schmieden. Die ersten fünfzig Jahre seiner Herrschaft verbrachte er damit, sein Volk zu bewaffnen und das Reich vor Angriffen zu schützen. Helme, Kettenpanzer und andere Rüstungen sowie Pfeile und Schwerter wurden zu Tausenden hergestellt und aufbewahrt.

In den nächsten fünfzig Jahren seiner Herrschaft widmete er seine Aufmerksamkeit Kleidungsstücken für friedliche Zeiten und entwickelte die unterschiedlichen Fertigkeiten zur Herstellung von Stoffen. Nachdem Dschamschid diese Aufgabe beendet hatte, machte er sich daran, die Menschen selbst in ein einheitliches Ganzes zu fügen. Als erstes bestimmte er verschiedene Gesellschaftsgruppen: Die Priester sollten das Verhältnis der Männer und Frauen zu den Göttern überwachen und die Krieger ihr Volk vor Feinden schützen. Die Bauern, die zwar arm, doch unabhängig waren, verhalfen durch ihre mühevolle Arbeit allen zu Wohlstand. Zur vierten Gruppe gehörten die Handwerker, deren Arbeit höchsten Anforderungen gerecht wurde und die sowohl praktische Gebrauchs- als auch wunderschöne Schmuckgegenstände herstellten.

Indem Dschamschid die Rechte und Pflichten der Welt gerecht unter allen Erdbewohnern aufteilte, wies er auch Tieren, Vögeln und Geistern ihren Platz zu. Selbst die bösen *div* erhielten eine Aufgabe: Sie mußten Ziegel herstellen und daraus große Gebäude

Das erste Neujahr

Als Dschamschids Streben noch dem Ruhm des Schöpfers galt, errichtete er mit seiner unter göttlicher Schirmherrschaft stehenden Macht einen herrlichen neuen Thron und leitete damit ein großes Zeitalter ein.

Dschamschid befahl seinen Dämonensklaven, den neuen Thron himmelwärts zu erheben. Dann setzte er sich darauf und leuchtete mit dem strahlenden Glanz einer zweiten Sonne auf die Erde hinab.

Jener Tag – der erste, an dem der göttliche Ruhm wahrhaftig auf der Erde gesichtet wurde – bildete den Beginn einer neuen Epoche für die Welt. Von da an feierten die Menschen jeweils am selben Tag – dem Tag der Frühlings-Tagundnachtgleiche, am 21. März unseres Kalenders – den Beginn des persischen Neujahrs. Das Fest mit dem Namen Nau Rus, das während des Zoroastrismus und unter dem Islam beibehalten wurde, ist noch heute das wichtigste Fest im Iran und wird auch in anderen Teilen Zentralasiens begangen.

errichten. In der Erde fand Dschamschid Edelmetalle und Mineralien und in der Natur aromatische Harze und Düfte. Er erfand das Schiff und segelte in jeden Winkel seines Reiches. Kein Ort auf der großen, weiten Welt blieb unbekannt. Dschamschid schenkte seinen glücklichen Untertanen alles, was die Kultur zu bieten hatte – und mit Dämonen als Sklaven hatten sie es nicht nötig zu arbeiten.

Die Sünde der Eitelkeit

Aber sowohl Jima als auch Dschamschid bereiteten ihrem goldenen Zeitalter durch sündigen Stolz ein Ende; ihre Größe machte sie zwar über fast jedes Laster erhaben, nur nicht über die menschliche Eitelkeit. Dem *Awesta* zufolge soll Jima zunehmend göttliche Eigenschaften für sich beansprucht haben, wobei er vergaß, daß er nur Ahura Masdas Werkzeug war und nicht etwa seinesgleichen.

Er begann, die Unwahrheit zu sagen und die Lüge immer häufiger über die Wahrheit zu stellen. Sein Streben galt seinem eigenen Ruf, nicht dem göttlichen Ruhm. Ihn verließ nun die himmlische Energie, mit der Ahura Masda ihn erfüllt hatte, als er ihn auf den Thron gesetzt hatte: Man konnte regelrecht zusehen, wie sie seinem Körper entfloh und in Gestalt eines großen Vogels gen Himmel schwebte. Als Sterblicher wurde Jima kurze Zeit später von dem bösen Drachen Azhi Dahaka getötet, der sich dessen unglückseliges Reich nahm – und seine beiden hübschen Töchter dazu.

Dschamschids Schmach war ähnlich. Auch er begann, den Ruhm der Götter für sich selbst zu fordern. Seine Priester und Hochgestellten sahen sich erschrocken an, als er, von Stolz und Machthunger geblendet, kühn den Besitz göttlicher Macht für sich in Anspruch nahm. Niemand wagte, ihm zu widersprechen, aber in den Augen aller wurde er durch seine Prahlerei erniedrigt. Von da an begann die Welt, die er erbaut hatte, zu bröckeln. Die Treue seines Volkes war dahin. Die Ehrfurcht vor dem König und den Gesetzen, für die er stand, erlebten einen jähen Niedergang. Seine Autorität schwand dahin, und Anarchie griff um sich. Das Reich, das er so mühsam aufgebaut hatte, wurde uneins und zerfiel.

Nachdem Dschamschid Macht und Ruhm verloren hatte, war er – wie Jima – eine leichte Beute für die rachsüchtigen Mächte des Bösen. Nach Firdausi wurde er von Sahak, dem König mit den Schlangenschultern, entzweigesägt und sein Reich von diesem übernommen. So fanden Jima und Dschamschid ein ähnliches Ende, und im Schicksal dieser beiden Könige stimmen die Erzählungen des *Awesta* und Firdausis *Schahnameh* überein.

Damaszierte Schneide eines persischen Beils (etwa 18. Jh.). Dschamschids Fähigkeit, Kriegsgerät herzustellen, begründete ein goldenes Zeitalter.

Verführung eines Vollkommenen

Sahak wurde als Held geboren und starb als Sünder, so wie vor ihm König Dschamschid. Sein Untergang war jedoch weitaus drastischer. Von Eitelkeit verleitet, war Sahak eine leichte Beute für den Teufel, der ihm das übelste aller Schicksale bescherte.

Im Wüstenreich Arabien, wo die Männer auf schnellen Pferden ritten und Speere schwangen, lebte der fromme König Merdas mit seinem geliebten Sohn Sahak. Dieser Jüngling war so edel und gottesfürchtig wie sein Vater, und in jeder anderen Hinsicht übertraf er ihn sogar noch. Er war von überwältigender Gestalt und atemberaubender Schönheit, mutig und geschickt im Kampf. Seine Reitkunst war unvergleichlich, denn er verbrachte zwei Drittel seines Lebens im Sattel und ritt im Auftrag seines Vaters im ganzen Reich umher. Kein Laster oder Makel schien den Eindruck der Vollkommenheit zu schmälern, den er überall hinterließ.

In dieser Illustration aus dem *Schahnameh* sieht Sahak, der König mit den Schlangenschultern, Dschamschids Hinrichtung zu. Die Eitelkeit bescherte jedoch auch Sahak ein demütigendes Ende.

Wie jene anderen tugendhaften Herrscher, Jima und Dschamschid, war jedoch auch Sahak gegen eine Versuchung nicht gefeit – die Eitelkeit. Das sah der Teufel und beschloß, es in seinem Streben auszunutzen, die edelmütigen Geschöpfe auf der Welt zu vernichten. Also nahm er menschliche Gestalt an und begab sich als Besucher an den Hof, wo er Sahak mit übertriebenen Schmeicheleien und Lobpreisungen für sich zu gewinnen suchte. Der unschuldige Jüngling ließ sich nur allzu leicht täuschen.

Sobald der Teufel das Vertrauen des Prinzen gewonnen hatte, erklärte er ihm seinen hinterlistigen Plan. Sein Vater sei doch so alt und nutzlos, meinte der Teufel, warum sollte nicht der Prinz nun den Thron besteigen? Und wenn Merdas nicht auf natürliche Weise sterben wolle, warum sollte man ihm nicht auf andere, drastischere Weise dazu verhelfen? Zwar gab sich Sahak empört und betrachtete den widerlichen Plan als Greueltat, doch zögerte er mit seiner Entscheidung. Und bald war er entschlossen, sich des Thrones gewaltsam zu bemächtigen.

Also versteckte er sich am nächsten Abend in einer ruhigen Laube im Palastgarten, den sein Vater gewöhnlich bei Einbruch der Nacht zum Gebet aufsuchte. Dort, wo der Weg am dunkelsten war und sich durch dichtes Gebüsch wand, hatte der Teufel eine tiefe Grube gegraben, in die der fromme Merdas hineinfiel und starb. Sahak nahm die Krone des toten Vaters und bestieg den Thron. Sein Wunsch hatte sich erfüllt: Nun war er selbst der Herrscher.

Ein Fluch auf seinen Schultern

Sahak tat sein Bestes, um seine Pflichten als würdiger König zu erfüllen. Aber der Teufel hatte eigene Pläne. Eines Morgens kam er wieder an den Hof, diesmal in Gestalt eines gutaussehenden, freundlichen jungen Mannes. Er sei, so sagte er, ein ausgezeichneter Koch – und nichts sei ihm eine größere Ehre, als König Sahak selbst zu dienen. Von diesen freundlichen Worten geschmeichelt, erklärte sich der junge Herrscher bereit, ihn einzustellen, und schon bald freute er sich über seine Entscheidung. Sein neuer Koch hatte ein unvergleichliches Geschick in der Zubereitung von Speisen und servierte alte Familiengerichte mit neuer Würze. Voller Begeisterung bot der König seinem Koch alles an, was sein Herz begehrte. Der junge Mann antwortete, er habe nur den einen Wunsch, nämlich, daß ihm der König gestatte, ihn einmal zu umarmen, obwohl er ihm nicht ebenbürtig sei. Der König ging ohne Zögern auf die seltsame Bitte des Kochs ein. Dieser näherte sich seinem königlichen Herrn, umarmte ihn, küßte ihn auf beide Schultern und verschwand dann im Boden.

Zwei im Kampf miteinander verstrickte Schlangen. Ausschnitt einer Handschrift, die dem Künstler Haribans zugeschrieben wird (um 1603).

Kaum hatte sich Sahak von seiner Überraschung erholt, als aus jeder Schulter – an der Stelle, wo der Koch ihn geküßt hatte – eine zischende schwarze Schlange auftauchte. Um sie abzuschütteln, schlug Sahak mit den Händen nach ihnen und wälzte sich auf dem Boden. Vergeblich. So schnitt er die Schlangen ab, doch wuchsen an derselben Stelle sofort neue hervor. Von überall eilten Ärzte herbei, aber keiner konnte den König von dem sich windenden Gewürm befreien. Schließlich erschien am Hof ein ehrwürdiger alter Arzt. Es gebe keine Hoffnung, die Schlangen loszuwerden, meinte der weise Alte, aber ihr unersättlicher Hunger könne vielleicht gestillt werden, wenn man ihnen ein köstliches Mahl aus menschlichem Hirn bereite. Der Arzt war kein anderer als der Teufel. Der fast zum Wahnsinn getriebene Sahak befahl, mit der Behandlung zu beginnen.

Bald darauf baten die Edlen aus Persien Sahak, ihnen zu helfen, sie von ihrem einst verehrten König Dschamschid zu befreien. Sahak besiegte Dschamschid mit Leichtigkeit und ließ den unterlegenen Helden in zwei Hälften sägen. Aber Sahaks Herrschaft war ein tausendjähriger Fluch, ein chaotisches Zeitalter voll Mord, Unterdrückung, Lügen und grenzenlosem Elend. Und tausend Jahre lang wurden täglich junge Männer den Schlangen geopfert, die sich zischend auf seinen Schultern wanden.

Der Dämonenbezwinger

Thraetaona wurde als tapferer Dämonentöter des *Awesta* verehrt, war aber auch als ausgezeichneter Arzt berühmt. Denn als er die Welt von der Tyrannei Azhi Dahakas befreite, heilte er sich selbst von den vielen Leiden, die ihn im Laufe seines Lebens gequält hatten.

Azhi Dahaka war von Angra Mainju erschaffen worden, um Rechtschaffenheit und Wahrheit zu bekämpfen. Er bot einen abscheulichen Anblick, und noch schrecklicher war er im Kampf. Seine drei Köpfe wankten und schwankten auf den langen, schuppigen Hälsen hin und her, und die drei Mäuler waren von furchterregenden Fangzähnen gesäumt. Einmal war er besiegt worden – vom tapferen Atar. Aber durch die Niederlage waren der Zorn und die Rachgier des Ungeheuers nur noch angewachsen.

Da Azhi immer verheerender durch das Universum wütete, beschloß der Schöpfer, ihm ein für allemal ein Ende zu bereiten. Er rief Thraetaona herbei und erzählte ihm von seinem Plan. Thraetaona flehte die göttliche Anahita um Hilfe an und brachte ihr zu Ehren 100 Zuchthengste, 1000 Ochsen und 10 000 Lämmer als Opfer dar.

Die Göttin hörte sich seine Bitte an und war bereit, ihm zu helfen. Als Azhi Dahaka seinen ersten wütenden Angriff ausführte, hielt ihm Thraetaona dank der göttlichen Kraft stand. Er erwiderte den Ansturm des Drachen sogar mit einem schmerzvollen Schlag. Während sein Gegner wieder und wieder zustieß, gelang es dem Helden, noch mehr Schläge auf dem Körper seines Angreifers zu landen. Der Dämon hatte seinen Meister gefunden.

Doch Thraetaonas Geschicklichkeit hatte unerwartete Auswirkungen, denn aus jeder Wunde, die er der schuppigen Haut des Drachen zufügte, floß ein Strom ekliger Geschöpfe heraus: Schlangen, Eidechsen, Kröten, Frösche und Skorpione und jede Art widerwärtigen Ungeziefers. Aber der Held handelte schnell, und anstatt Azhi Dahaka weiter zu verwunden, beschloß er, seinen bösartigen Feind kampfunfähig zu machen und ihn gefesselt und hilflos auf den Berg Demawend zu schleppen. Dort sperrte er ihn im Innern des felsigen Bergmassivs ein. Und nun kamen auch Azhi Dahakas Gefangene aus ihrem Versteck hervor: Jimas wunderschöne Töchter, Savanghavak und Erenavak, die aus Dank Thraetaonas Frauen wurden.

Thraetaonas Triumph über Azhi Dahaka war gleichzeitig ein Sieg über seine eigenen Leiden: Von da an wurde er nicht nur als heldenhafter Krieger verehrt, sondern auch als göttlicher Arzt.

Auch im *Schahnameh* ist diese Geschichte enthalten. Azhi Dahaka tritt dort in der Person des Sahak auf und Thraetaona

Der Berg Demawend, auf dem Thraetaona den bösartigen Drachendämon Azhi Dahaka gefangenhielt.

Die Teilung des Königreiches

Auch Fariduns 500 Jahre währende Herrschaft sollte durch Streit und Zwietracht zu Ende gehen. Der Grund für das Chaos war jedoch nicht menschliche Schwäche, sondern der mißlungene Versuch, das Erbe gerecht unter seinen Söhnen aufzuteilen.

Während die beiden älteren Söhne, Salm und Tur, das Westreich und Zentralasien erhielten, bekam der jüngste, der Lieblingssohn des Vaters, Persien selbst. Zornig fielen Salm und Tur über den Bruder her und töteten ihn. So stürzten sie die Welt in eine Zeit, in der das Böse und bittere Kriege herrschten. Persien und Turs Königreich im Norden waren jahrhundertelang in Streitigkeiten verwickelt, in deren Verlauf viele Helden unzählige Schlachten austrugen.

Die Auswirkungen des Brudermords in Firdausis Epos waren somit über viele Generationen zu spüren.

Zwei Krieger zu Pferde prallen aufeinander. Täbris-Schule, um 1480. Viele persische Mythen erzählten von erbitterter Rivalität zwischen Königen.

in der des Faridun. Firdausis Erzählung unterscheidet sich jedoch deutlich in ihren Einzelheiten vom *Awesta*.

Eines Nachts träumte Sahak, ein Knabe namens Faridun sei in seinem Land geboren worden und werde ihn dereinst umbringen. Am Morgen sandte er Männer aus mit dem Befehl, das Kind zu finden und zu töten. Schon bald waren sie ihrem Ziel nahe. Sie nahmen Fariduns Vater gefangen und ermordeten ihn, doch die Mutter floh mit ihren Söhnen auf den Berg Elburs, wo sie diese heimlich großzog. Sahaks Männer setzten ihre Suche fort – vergebens.

Eines Tages kam ein alter Schmied namens Kaveh an den Hof zum König, um ihm sein Leid zu klagen: Siebzehn seiner Söhne seien umgebracht worden, um ihr Hirn den Schlangen auf Sahaks Schultern zur Speise zu geben – und nun war offenbar auch sein geliebter jüngster Sohn an der Reihe. Das sei zuviel, sagte er dem überraschten König, er habe das Recht zu verlangen, daß sein letztes noch lebendes Kind verschont werde. Verblüfft über die Offenheit des alten Mannes an einem Hof, an dem Schmeicheleien die Regel waren, vergaßen die Diener des Königs sogar, Kavehs Redefluß zu unterbrechen. Noch erstaunter waren sie, als Sahak gehorchte und befahl, den Knaben zu holen und seinem Vater zurückzugeben. Dabei stellte er keinerlei Bedingung, bat nur um eine Gefälligkeit. Er reichte dem alten Mann seine Thronurkunde und bat ihn, seine Unterschrift darunter zu setzen, um die Rechtmäßigkeit seiner Herrschaft zu bestätigen. Aber er hatte nicht mit der Rechtschaffenheit die-

Keresaspa – der Retter der Schöpfung

Keresaspa war einer der Helden des „Awesta" – kühn, doch keineswegs untadelig. Dieser in seiner Unvollkommenheit sehr menschliche Held wird Ahura Masda dereinst helfen, die Welt endgültig vom Bösen zu befreien.

Obwohl Keresaspa viele furchtbare Ungeheuer tötete und die Welt vor unzähligen Angriffen des Bösen bewahrte, hielt er sich nicht in der vorgeschriebenen Weise an die frommen Riten. Und als er nach seinem Tod an den glorreichen Pforten des Himmels stand, verweigerte ihm der Schöpfer den Zutritt. Erst als die anderen Götter und Helden ihren Herrn angefleht hatten, entschied Ahura Masda, Keresaspa aufzunehmen.

Und doch war gerade dieser keineswegs fromme Mann vom Schicksal auserkoren, die Welt zu retten, indem er in der Stunde der größten Not vom Tod auf die Erde zurückkehren wird. Am Ende der Zeit, so behaupten die Mythen nämlich, wird der Drache Azhi Dahaka aus dem Felsengefängnis ausbrechen, in das Thraetaona ihn sperrte, die Menschen erneut quälen und die Schöpfung zerstören.

Ahura Masda, dessen Schöpfungswerk dann kurz vor der Vernichtung steht, wird keine andere Wahl haben, als den größten Krieger aller Zeiten von den Toten zurückzurufen. Keresaspa wird geschwind vom Himmel herabkommen und den dämonischen Drachen mit seiner gewaltigen Keule erschlagen. Erst dann wird der schreckliche Fluch des Bösen ein für allemal beendet sein.

ses einfachen Mannes gerechnet: Zornig zerriß Kaveh die Urkunde. Gemeinsam mit seinem Sohn trat er auf die Straße hinaus und ließ eine Dienerschaft zurück, die sowohl über den Mut des alten Mannes als auch die Passivität ihres Königs erstaunt war.

Als die Diener ihren König fragten, warum er diesen unverschämten, gemeinen Untertan nicht auf der Stelle erschlagen habe, gestand Sahak, daß ihm Kavehs bloße Gegenwart jeglichen Mut genommen habe. Bei den Worten des Schmieds sei es ihm erschienen, als habe sich vor seinen Augen ein Berg aus Eisen aufgetürmt, und als er dem Schmied zornig auf das Haupt geschlagen habe, schien der Berg gezittert zu haben. Was dieses seltsame Bild vorhersage, könne er, Sahak, sich nicht vorstellen. Er sei sich jedoch sicher, daß es etwas Wichtiges sei.

Er hatte sich nicht geirrt. Kaveh hatte sich direkt zum Hauptplatz der Stadt begeben und forderte das persische Volk auf, zu den Waffen zu greifen. Er band seine lederne Schmiedschürze an die Spitze eines Speeres, hob dieses Banner als Zeichen der Macht des Volkes in die Höhe und zog durch die Stadt, gefolgt von einer immer größer werdenden Menge. Sie marschierten durch ländliche Gegenden, und ihre Reihen wurden immer länger, denn von nah und fern strömten Menschen herbei, die auf ihrem Weg Werkzeuge und Ackergerät schwangen. Kaveh führte sie in das Elbursgebirge bis zu der abgelegenen Burg, in der sich Faridun versteckt hielt, der inzwischen zu einem tapferen, stattlichen Jüngling herangewachsen war. Der Prinz empfing das zerlumpte Heer mit aller Höflichkeit und nahm Kavehs Lederbanner mit sichtlichem Stolz entgegen. Er ließ es mit glänzenden Edelsteinen und bunten Bändern schmücken.

Faridun rief seine Brüder herbei und bat sie, ihm eine gewaltige Keule in Form eines Stierkopfes anzufertigen. Damit zog er an der Spitze von Kavehs Heer in die Stadt, die kurze Zeit seine Heimat gewesen war.

Als die Schutzwälle der Stadt in Sicht kamen, trieb Faridun sein Schlachtroß voran. An seiner furchterregenden Gestalt loderte wie von selbst Feuer auf, und als er seine Keule schwang, schien die ganze Schöpfung zu erzittern. Die Wachposten auf der Mauer ergriffen die Flucht, und Faridun stürmte durch die Straßen, griff Sahaks Edelleute mit dem Schwert an und tötete sie. Dann traf er auf Kondrun, den Kammerherrn des Königs, der Sahak angeblich nirgendwo finden konnte. Kondrun bot dem Helden die besten Speisen aus der königlichen Vorratskammer an.

Im Morgengrauen, als Faridun nach dem vorzüglichen Mahl noch fest schlief, ritt Kondrun zu dem Ort, an dem sich sein Herr aufhielt, und berichtete von dem Prinzen, der gekommen war, um sich des Thrones zu bemächtigen. Zornig gab Sahak seinem Kammerherrn die Schuld an dem Unglück. Kondrun wollte sich dies nicht länger anhören und floh aufs Land hinaus.

Ohne seinen klugen Berater führte Sahak sein Heer in die Stadt. Dort hatten sich alle Bewohner gegen ihn erhoben, und seine Soldaten waren übergelaufen. Furchtlos betrat Sahak den Palast und stellte sich Faridun. Dieser schwang seine Keule und traf den König so heftig am Kopf, daß dessen Helm zersplitterte. Als er zum endgültigen Schlag ausholen wollte, erschien ein Engel und hielt ihn zurück: Der Tyrann Sahak solle noch nicht getötet werden, sondern in die Berge gebracht werden.

Faridun rief: „Bindet ihn!" Dann bestieg er den Thron und erklärte die Feindseligkeiten für beendet. Das Volk habe Heldentaten vollbracht, lobte er die Leute, aber nun sei es für sie an der Zeit, wieder ihrem Gewerbe nachzugehen, denn fortan würde alles gut werden. Die Freude über diese Worte war groß. Sahak wurde in Fesseln zu einem einsamen Hang am Berg Demawend gebracht, um dort zu sterben. Faridun war nun König, und Ordnung und Zufriedenheit kehrten wieder in die Welt zurück.

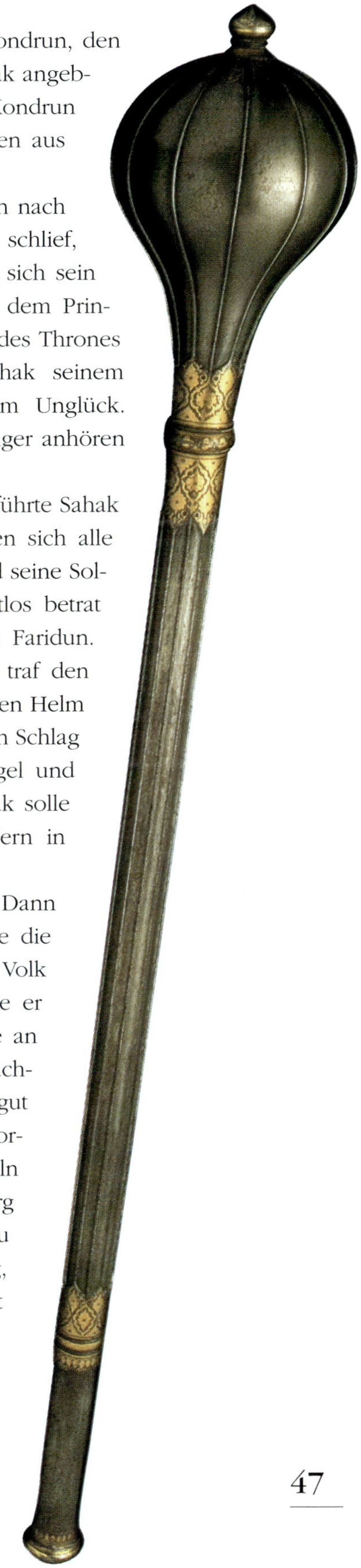

Mit einer solchen traditionellen persischen Keule traf Faridun Sahak am Kopf und zerschmetterte dessen Helm.

BUNTE PARADIESE

In den trockenen Hochebenen Persiens wurde nichts mehr geschätzt als Gärten, die Wasser und Schatten versprachen und Heilpflanzen lieferten. Seit jeher standen die Früchte der Natur im Mittelpunkt der persischen Kultur: Die Mythen sagen, die ersten Menschen seien aus einer Rhabarberstaude entstanden und hätten Haoma getrunken. Zarathustra zufolge werden sich die Seligen dereinst nach dem Tode in einem wohlduftenden Garten ergehen.

Von einer Mauer umgebene Gärten gab es schon in den ersten Tagen des Ackerbaus. Ständig kehren sie im Koran wieder, dessen Geschichten in Zypressen- und Platanenhainen spielen, wo das Aroma von Orangen und der Duft von Rosen und Jasmin die Lüfte erfüllen. Die Perser waren die ersten, welche die Idylle solcher Orte erkannten. Ihre Gärten, die durch eben diese Mauern von der Wüste dahinter getrennt sind, haben der westlichen Welt eine Vision vom Garten Eden selbst vermittelt: Denn von dem altpersischen *paridaida,* dem „eingefaßten Garten oder Park", leitet sich unser Wort „Paradies" ab.

Oben: Diese Narindschistan genannte Orangerie wurde in den achtziger Jahren des 19. Jahrhunderts angelegt; sie ist ein typisch persischer Garten. Die Anlage spricht mit ihren Wasserbecken, bunten Blumen und von Orangenbäumen gesäumten Wegen alle Sinne an.

Links: Der Bagh-e Schahsadeh, inmitten der Wüste in der Nähe von Mahan gelegen, gibt eine Vorstellung davon, welchen Eindruck persische Gärten auf Reisende gemacht haben müssen. Die Anlage wird von *qanat* bewässert, unterirdischen Kanälen, die schon im 6. Jahrhundert v. Chr. das Regenwasser aus den Bergen hierher transportierten. Die Mythen schreiben Huschang, Kajumars' Enkel, die Erfindung des Bewässerungssystems zu.

Links: Die Illustration aus einer Handschrift des *Schahnameh* aus dem 15. Jahrhundert zeigt, wie die Perser ihre Gärten genossen. Auf diesem sehr detailliert ausgeführten Bild sind die einzelnen Pflanzen genau zu erkennen, etwa blühende Mandelbäume, Malven, Iris und Veilchen. Hinter der Einfriedung sieht man die rauhe, unwirtliche Welt draußen – die Wüste.

Unten: Die Arbeit von Ärzten wie Ibn Sina (Avicenna) hatte über die persisch-arabische Welt hinaus weitreichende Auswirkungen auf die Medizin. Ibn Sina erforschte die heilenden Eigenschaften von Kräutern, und möglicherweise benutzte er Gerät wie diesen Mörser mit Stößel aus Silber und Kupfer, der aus Chorasan in Nordostpersien stammt (13. Jahrhundert). Die Kräuterheilkunde nimmt sowohl in der Mythologie als auch in der Geschichte einen wichtigen Platz ein; das *Awesta* erzählt, wie Ameretat, der Schutzherr der Pflanzen, den Menschen die ersten Heilkräuter brachte *(Seite 62).*

FLAMMEN DER WEISHEIT

Über das Leben des persischen Propheten Zarathustra, der auch unter seinem griechischen Namen Zoroaster bekannt ist, weiß man nicht viel. Das wenige, was wir wissen, stammt aus den siebzehn *Gathas* oder Hymnen, die im *Awesta* enthalten sind. Das *Awesta* ist die heilige Schriftsammlung des Zoroastrismus – der Religion, die auf Zarathustras Lehre basiert. Zarathustras Heimat soll in Zentralasien oder noch weiter nördlich gelegen haben. Ähnlichkeiten zwischen den *Gathas* und dem *Rigweda,* der alten hinduistischen Hymnensammlung, haben einige Wissenschaftler zu der Annahme veranlaßt, daß Zarathustra um 1500 bis 1200 v. Chr. lebte; doch es spricht mehr für das 7. oder 6. Jahrhundert v. Chr.

Nach Angaben der Zoroastrier – der Anhänger Zarathustras – war der Prophet verheiratet und Vater mehrerer Kinder. Im Alter von dreißig Jahren hatte er Visionen, die ihn zur Gründung einer Religion inspirierten. Wie aus dem *Awesta* hervorgeht, konnte Zarathustra die Religion nicht in seinem Land einführen; deshalb machte er sich auf die Suche nach einem Gönner. Den fand er in Vischtaspa *(Seite 55),* dessen Hoheitsgebiet wohl Choresmien war, eine Region östlich des Aralsees, die heute zu Usbekistan, Turkmenistan und Afghanistan gehört.

Zarathustra war von den religiösen Überzeugungen der arischen Stämme geprägt. Der neue Glaube stützte sich darauf. Er besagte, daß der Gegensatz zwischen *ascha* („Wahrheit") und *drug* („Lüge") im Mittelpunkt aller religiösen Handlungen und Mythen stehe. Im Glauben der arischen Stämme gab es drei Wächter des *ascha:* die *ahura* („Herren") Masda, Mithra und Apam Napat. Doch unter dem Einfluß von Zarathustras Vision wurde aus Masda der einzige große Schöpfergott, die Quelle aller guten Dinge und alleiniger Herr des *ascha.* Eine monotheistische Religion war geboren.

Unter den Sassaniden, die vom 3. bis 7. Jahrhundert n. Chr. die Macht in Persien innehatten, wurde der Zoroastrismus Staatsreligion. Obwohl er infolge der islamischen Eroberung im 7. Jahrhundert an Bedeutung verlor, überlebte er und hat heute noch Anhänger im Iran. Weltweit gibt es etwa 200 000 praktizierende Zoroastrier.

Durch seinen Einfluß auf andere Religionen hinterließ der Zoroastrismus ein bemerkenswertes Erbe, das auch für Europa große Bedeutung hat. Möglicherweise übernahmen die Juden, als sie sich im 6. Jahrhundert v. Chr. in der „Babylonischen Gefangenschaft" befanden, viele Gedanken des Zoroastrismus. Teile seiner Lehre könnten in den jüdischen und christlichen Glauben eingeflossen sein – zumindest haben die Vorstellungen von einem Teufel, einer unsterblichen Seele und einem Tag des Jüngsten Gerichts ihre Parallelen in den Lehren des Zarathustra.

Gegenüber: **Engel schickten den Regen, der Zarathustras Körper auf die Erde brachte, und unterwiesen ihn nach seiner Geburt in allem Guten und Bösen. Dieses Gemälde entstand um das Jahr 1555 in Buchara.**

Unten: **Das ewige Licht in Atschkad, einem Feuertempel in der alten Stadt Jasd in Zentralpersien. Im Feuer ist das Wesen der Göttlichkeit eingefangen.**

Die Geburt Zarathustras

Nachdem der Zoroastrismus als Staatsreligion eingeführt worden war, begannen sich um das Leben des Gründers zahlreiche Legenden zu ranken. Angeblich war er vom Weisen Herrn Ahura Masda selbst auserwählt worden, um die Weisheit in der ganzen Schöpfung zu verbreiten.

Als die Zeit für Zarathustras Geburt gekommen war, stiegen drei Aspekte des heiligen Propheten – sein himmlischer Ruhm, sein Schutzgeist und sein physischer Körper – auf die Erde hinab und pflanzten sich in eine junge persische Frau namens Dughdov ein. Sie hatte ein reines Herz und war fünfzehn Jahre alt – ein in der persischen Tradition vollkommenes Alter –, als sie den großen Propheten gebar.

Der so hell wie die Sonne strahlende himmlische Ruhm des Weisen Herrn hatte bereits zuvor seinen Platz am häuslichen Herd von Dughdovs Familie eingenommen: Aus dem Feuer, das Dughdovs Vater schürte, war er in den Schoß von dessen Gemahlin gesprungen, als diese mit Dughdov schwanger ging. Das kleine Mädchen erstrahlte vom ersten Tag seines Lebens an in einem Licht, das nie erlosch und das ein Zeichen der Reinheit und des himmlischen Ruhmes war. Aber die Leute fürchteten sich, wenn sie Dughdov in der Nacht leuchten sahen, und Dämonen redeten vielen Menschen ein, das Licht sei ein Zeichen dafür, daß Dughdov eine Hexe sei. Als Dughdovs Vater dieser Lüge glaubte und seine Tochter aus dem Hause trieb, fand Dughdov bei der Familie Spitama Zuflucht. Dann aber wandte sich die Kraft des Bösen zum Guten, denn im Exil verliebte sich Dughdov in Puruschasp, den Sohn des Hauses, der Zarathustras göttlich geweihter irdischer Vater werden sollte.

Der Schutzgeist Zarathustras wurde von Nerjosang, dem Götterboten, und von Jima, dem mythischen ersten Menschenkönig, auf die Erde gebracht. Sie setzten ihn im Gipfel eines Baumes auf eine Haoma-Pflanze. Puruschasp spazierte am Tag nach seiner Hochzeit mit Dughdov an diesem Baum vorbei, entdeckte die geheimnisvolle Haoma-Pflanze und brachte sie seiner jungen Frau. Wenn man die Pflanze drückte, floß eine milchige, berauschende Flüssigkeit heraus. Dieser göttliche Saft spielte in den religiösen Riten der arischen Stämme eine wichtige Rolle: Er wurde den Göttern als Opfer dargeboten und von den Priestern getrunken *(Kasten Seite 35)*.

Zarathustras physischer Körper kam in Form eines sanft fallenden Regens auf die Erde, den Haurwatat und Ameretat gesandt hatten, zwei Heilige Unsterbliche oder Engel *(Seite 57–58)*. Durch göttliche Eingebung kam Puruschasp zu der von diesem göttlichen Regen bewässerten Weide, auf der eine Herde Kühe graste, die zu jung waren, um Kälber zu gebären. Dennoch gaben diese Tiere wie durch ein Wunder Milch. Sowie Dughdov von der mit dem Saft der Haoma-Pflanze vermischten Milch trank, nahm Zarathustras Körper in ihrem Leib Gestalt an.

Die junge Frau war voll des Glücks, als das heilige Kind in ihr heranwuchs. Am Tag seiner Geburt erstrahlte in Dughdovs Haus ein helles Licht, und der Glanz der Freude durchflutete Tiere, Pflanzen, Wasser und Berge der guten Schöpfung Ahura Masdas. Das Dämonenheer des Bösen dagegen versank in Furcht wie in ein Schattenmeer. Der kleine Zarathustra lachte. Gleich nach seiner Geburt war er sich seines freudigen Auftrags auf Erden bewußt und sprach direkt mit Ahura Masda.

Die Dämonen zögerten nicht lange mit ihrem Angriff auf Zarathustra, dessen vollkommen gutes Wesen sie nicht ertragen konnten. Sie verdunkelten Puruschasps Gedanken, so daß der arme Mann glaubte, das Strahlen seines Sohnes sei ein Zeichen von Bosheit. Eines Tages schlich sich der Vater mit dem Säugling davon. Er gelangte an einen finsteren Ort und schichtete dort einen Scheiterhaufen auf, um Zarathustra zu verbrennen. Er schürte das Feuer, aber die Flammen konnten dem Kind nichts anhaben.

Ein anderes Mal legte Puruschasp Zarathustras zarten Körper auf ein von der Sonne ausgedörrtes Stück Land und trieb eine Viehherde auf ihn zu. Doch

Visionen vom großen Propheten

Der Überlieferung nach wurden Zarathustras Geburt und seine wunderbaren Taten einigen wenigen Auserwählten schon lange Zeit, bevor der große Prophet auf Erden lebte, in Visionen offenbar.

Am Anfang, als Angra Mainju das Gute und die schöne Schöpfung angriff, tötete er den ersten Menschen und den ersten Stier. Die Seele des Stiers flog zum höchsten Gipfel des Himmels empor, wo Ahura Masda auf einem herrlich leuchtenden Thron saß. Der Stier beklagte sich bei dem Weisen Herrn darüber, daß er keinen Beschützer habe, woraufhin ihm eine Vision zuteil wurde: Die himmlische Seele des großen Zarathustra, *frawaschi,* werde eines Tages das Vieh und die ganze Schöpfung schützen und so ein neues Zeitalter einleiten, an dessen Ende das Böse endgültig vernichtet und im Universum das von Ahura Masda gewollte vollkommene Gute wiederhergestellt werde. Zufrieden kehrte der Stier auf die Erde zurück. Später berichtete er einem mythischen Prinzen namens Us von der bevorstehenden Geburt Zarathustras.

Jima, der in den alten Mythen sowohl der erste König als auch der Herr der Unterwelt war, hatte ebenfalls eine Vision von Zarathustra und seinen künftigen Taten.

In einer anderen Erzählung wird gesagt, das göttliche Licht Ahura Masdas habe schon lange vor Zarathustras Geburt auf der Erde existiert und werde dereinst in der Brust des Propheten hell erstrahlen.

der Stier an der Spitze der Herde wurde von einem himmlischen Licht geblendet, das aus den Augen des Knaben schien; er machte auf der Stelle halt und stellte sich schützend über ihn, während die anderen Tiere vorbeijagten. Dann wollte Puruschasp seinen Sohn mit Hilfe wilder Pferde töten, und wiederum schützte den Knaben eines der Tiere, ein stattlicher Hengst. Als nächstes setzte Puruschasp den Kleinen in der Nähe einer Wolfshöhle aus, doch als die Wölfin zurückkehrte, kümmerte sie sich liebevoll um das Kind.

Das Böse ruhte nicht in seinem Bestreben, das Gute in Gestalt des Zarathustra zu vernichten, aber jeder Versuch, den Knaben zu töten, schlug fehl. Er wuchs zu einem weisen, klar denkenden jungen Mann heran, der dem Göttlichen gegenüber stets Ehrfurcht und den Tieren gegenüber stets Güte zeigte. Er wurde ein Priester, der in allen religiösen Ritualen bewandert war, aber seine Zeit auch dem stillen Gebet und der Meditation in der Einsamkeit der Wüste widmete. Mit dreißig Jahren, in dem Alter also, in dem Perser üblicherweise Weisheit erlangten, hatte Zarathustra die erste seiner Visionen.

Eines Morgens im Frühling wachte Zarathustra im Morgengrauen auf. Er ging an den Fluß hinunter, um sich zu waschen und Wasser zu holen, mit dem er den Haoma-Saft für die Rituale des *jasna,* des täglichen Gebets, mischen wollte. Als er aus dem Wasser stieg, erblickte er am Ufer eine große, leuchtende Gestalt, die sich als Wohu Manah („Gute Gesinnung") vorstellte. Wohu Manah führte Zarathustra an einen Ort, der in ein heiliges Licht getaucht war, welches so hell leuchtete, daß kein Schatten auf den Boden fiel. Inmitten dieser gleißenden Strahlen erkannte Zarathustra sechs Gestalten: Ahura Masda und fünf Engel. Sie winkten ihn zu sich und verkündeten ihm, daß er nun mit dem Lernen beginnen werde. Sie unterwiesen ihn

Griechen und Christen über Zarathustra

Der von seinen Anhängern als großer Prophet verehrte Zarathustra wurde von Völkern anderer Länder und Glaubenswelten in einem vollkommen anderen Licht betrachtet. Für einige verkörperte er das Geheimnis des östlichen Mystizismus, für andere war er ein gefährlicher Rivale auf spirituellem Gebiet.

Die Griechen sahen in Zarathustra einen fernen Vorläufer der persischen *magi,* der in den alten Weisheiten und der Magie bewanderten Priester. Da sie die zoroastrische Zeittafel mißverstanden, siedelten sie ihn 6000 Jahre vor Plato an, der etwa 427 bis 347 v. Chr. lebte. Interessanterweise gibt es Hinweise darauf, daß damals Bücher Zarathustras in der griechischen Welt existierten; heute sind sie verschollen.

Die frühen Christen versuchten, Zarathustra in Mißkredit zu bringen, indem sie den Propheten einen Meister der Betrügerei und des bösen Zaubers nannten. Sie sagten, er sei gestorben, als ein Geist himmlisches Feuer entsandt habe, um ihn zu vernichten. Nach dieser Auffassung bewahrten die getäuschten Anhänger des Zarathustra die Asche ihres Meisters als Reliquie auf und beteten den Stern an, von dem sie glaubten, er habe ihn in den Himmel gebracht. Sie übersetzten „Zoroaster" mit „lebender Stern" (*zoro* ähnelt dem griechischen Wort *zoon* für „Lebewesen", griechisch *astron* bedeutet „Stern"). Der persische Name Zarathustra bedeutet hingegen: „der Kamele sucht", von *ushtra,* „Kamel".

Die Münze aus der Zeit Ardaschirs I. (224–242 n. Chr.) aus der Sassaniden-Dynastie zeigt einen Feueraltar.

in der Wahrheit über die gute Schöpfung und die Rolle der Menschen im Kampf gegen das Böse. Und sie erklärten Zarathustra, daß er eine Zielscheibe für die Kräfte des Bösen sein werde.

Bevor Zarathustra sein Wissen an seine Mitmenschen weitergab, gewährte ihm Ahura Masda noch sieben weitere Visionen. Während er umherzog und predigte, machte er die ruhelosen Kräfte des Bösen auf sich aufmerksam. Viele Male versuchten Dämonen, ihn von der Wahrheit abzubringen – vergebens. Einigen Erzählungen zufolge brauchte Zarathustra zehn Jahre, um jeden von der Wahrheit seiner Botschaft zu überzeugen. Unter Ahura Masdas Führung verließ er seine Heimat, um Menschen zu bekehren, darunter auch König Vischtaspa, der vermutlich Herrscher von Choresmien in Zentralasien war. An Vischtaspas Hof lebten viele Gelehrte und *magi,* die sich in den dunklen Geheimnissen der Zauberei auskannten. In Anwesenheit des Königs sprach Zarathustra drei Tage lang mit ihnen. Anfangs empfand Vischtaspa großen Respekt für den fremden Prediger, der seine Gedanken offenbar genau kannte. Dann allerdings schien es sich zu erweisen, daß Zarathustra ein Hexenmeister war, der die Geister der Toten herbeirufen konnte, und er wurde in ein Verlies gesperrt.

Zu jener Zeit erkrankte Vischtaspas hochgeschätzter schwarzer Hengst ganz schrecklich: Seine Beine wuchsen in den Körper hinein. Aus seinem Kerker heraus ließ Zarathustra den König wissen, er könne das Pferd heilen und sei unter vier Bedingungen bereit, es zu tun: Vischtaspa solle den neuen Glauben annehmen, Prinz Isfandiar solle zum Kampf für Zarathustras Religion bereit sein *(Seite 96),* die Königin solle sich ebenfalls bekehren lassen, und schließlich solle der König die Namen der Priester herausfinden, die Zarathustra einen Hexenmeister genannt hätten. Vischtaspa erfüllte alle Bedingungen, und die Beine des Hengstes kamen gesund wieder hervor.

Dann bat Vischtaspa darum, sich selbst im Himmel sehen zu können. Sofort war der Palast von Licht erfüllt, und drei glorreiche Unsterbliche erschienen im Thronsaal. Aus Furcht warfen sich der König und sein Gefolge nieder, aber die Besucher überzeugten sie von Ahura Masdas gutem Willen, und alle waren von Freude erfüllt. Danach geschahen noch viele Wunder:

Auf diesem Felsrelief von Naqsch-i Rostam wird Ardaschir I. von Ahura Masda als König eingesetzt. Wie alle frühen Könige in Vorderasien glaubten auch die Sassaniden, ihre Dynastie sei vom höchsten Gott des Landes gesegnet.

Vischtaspa schaute sich selbst in der Glorie des Himmels, wie er es gewünscht hatte, Prinz Isfandiar wurde zum unbesiegbaren Krieger und Peschjotan, der andere Sohn des Königs, unsterblich.

Mit Vischtaspas Unterstützung wurde Zarathustras Religion eine Macht im Land. Der Prophet zog viel umher und predigte das Wort, und viele Menschen lernten seine erbauenden Hymnen und verbreiteten die Botschaft des Meisters.

Im Alter von siebenundsiebzig Jahren wurde Zarathustra getötet, während er betete – oder während er im Tempel ein Opfer darbrachte, wie es in einigen Erzählungen heißt. Seltsamerweise enthalten die zoroastrischen Mythen selbst keine Einzelheiten über seinen Tod. Ein Bericht darüber stammt von frühen Christen, die den Propheten erniedrigen wollten *(Kasten Seite 54).* Zarathustras Tod war jedoch keine Tragödie, denn sein Lebenswerk war vollendet, und die große Religion, die er nach Ahura Masdas Willen verbreiten sollte, war für alle Zeiten begründet.

Kräfte des Guten und des Bösen

Zarathustra glaubte, in der Welt und in den Menschen wüte ein Kampf zwischen der Kraft des Guten und der Kraft des Bösen. Er erkannte in ihnen zwei entgegengesetzte Geister, die zu Anbeginn der Zeit in Widerstreit geraten waren. Hinter dem Guten stand ein Heer von Göttern und Engeln, hinter dem Bösen eine Schar von Dämonen. Die Menschen waren Ahura Masdas Helfer im Kampf gegen das Böse, dessen Vernichtung der eigentliche Zweck der Schöpfung war.

Eine Schlacht zwischen den Persern und den Turanern, den Feinden aus dem Norden. Der Streit zwischen den Königreichen wurde in der zoroastrischen Überlieferung als Kampf zwischen dem Guten und dem Bösen betrachtet. Die Illustration ist dem *Schahnameh* von Mohammed Juki (15. Jh.) entnommen.

Zarathustra sah in Ahura Masda den Schöpfer alles Guten. Nach der orthodoxen Interpretation der zoroastrischen Lehre hatte Ahura Masda das Böse nicht erschaffen – es existierte von Anfang an im Widerstreit mit dem Guten. Der böse Geist wurde Angra Mainju genannt, doch wird diese Bezeichnung in den *Gathas* nicht als Eigenname benutzt. In späteren Schriften tritt er als Ahriman auf.

Angra Mainju hockte schmollend in seiner dunklen Höhle. Da ihn das strahlende Licht in Ahura Masdas Himmel quälte, beschloß er, die ganze Schöpfung zu zerstören *(Seite 30)*. In späteren Darstellungen aus der Zeit der Sassaniden-Dynastie (224–651 n. Chr.) sitzt der Weise Herr auf einem himmlischen Thron und ist mit einem wunderbaren blauen Gewand bekleidet, auf dem leuchtende Punkte wie Sterne am Nachthimmel glitzern. Für Angra Mainju hingegen gab es nichts als Dunkelheit.

Der Dualismus – der Glaube, daß Gut und Böse seit ewigen Zeiten in ständigem Widerstreit existieren – gilt allgemein als die Grundlehre des Zoroastrismus. An einer Stelle in den *Gathas* bezeichnet Zarathustra die Urgeister von Gut und Böse allerdings als „Zwillinge" und setzt einen Vater oder eine Mutter voraus, und Wissenschaftler haben sich gefragt, ob er tatsächlich Dualist gewesen sei. Nach dieser Interpretation war es der heilige Geist des Ahura Masda, Spenta Mainju, der mit dem bösen Geist in Konflikt lag, und nicht der Weise Herr selbst, der vor allen Dingen existierte. Demnach hatte Ahura Masda das Böse nicht erschaffen; vielmehr ließ er beide Geister in die Welt, und der eine wählte das Böse und der andere das Gute.

Eine Richtung innerhalb des Zoroastrismus, die als Zurvanismus bezeichnet wird, lehrt, daß die Zwillinge Gut und Böse die Geschöpfe eines Wesens waren, das Zurvan-i-Akanarak, „Endlose Zeit“, genannt wurde *(Kasten Seite 58)*.

In seinem Ruhm schuf Ahura Masda sechs Nachkommen, die *amescha spenta* oder „Heiligen Unsterblichen“. Ihre Namen sind abstrakt und verkörpern Eigenschaften des Weisen Herrn und seiner Schöpfung; die *aschawan*, die rechtschaffenen Anhänger der Guten Religion, haben Zugang zu diesen Tugenden. Mit Hilfe der sechs Heiligen Unsterblichen brachte Ahura Masda das Universum hervor, das der persischen Überlieferung zufolge aus sieben unterschiedlichen Schöpfungen gebildet wurde. Jede dieser Schöpfungen stand unter dem Schutz Ahura Masdas oder eines seiner Heiligen Unsterblichen.

Der bedeutendste der Unsterblichen war Wohu Manah („Gute Gesinnung“), der Zarathustra bei seiner ersten Vision geleitet hatte *(Seite 54)*. Er war der Schutzherr der nährenden Kuh. Nach einigen Texten soll er der älteste der Heiligen Unsterblichen gewesen sein und zur Rechten des Ahura Masda gesessen haben – wie es die Christen später von Jesus Christus sagten. Ascha Wahischta („Höchste Rechtschaffenheit“) war der Hüter des heiligen Feuers. Als Personifizierung des *ascha* war er ein Wesen von atemberau-

Rechtschaffene Krieger

Die guten Götter des arischen Pantheons lebten im Zoroastrismus als „jasata“ („Verehrungswürdige“) weiter. Sie waren von den Heiligen Unsterblichen erschaffen worden und standen in der Hierarchie unter ihnen.

Die *jasata* waren Krieger im Kampf gegen das Böse. Der bedeutendste von ihnen war Mithra, der *jasata* der Loyalität, der mit der Sonne assoziiert wurde. Er richtete über die Menschen, wenn ihr Körper starb. Apam Napat, ebenfalls einer der alten Hüter des *ascha*, war der *jasata* der Aufrichtigkeit. Aschi stand für Glück und Erfolg, Haoma für die heilige Pflanze und Atar für das Feuer.

Verethragna war der *jasata* des Sieges, Vaju der Herr des Windes und des Atems, Sraoscha der des Gehorsams, einer Tugend, die als mächtige Kraft gegen das Böse galt. In Ritualen nahm er in den Gebeten der Gläubigen Gestalt an, deren Bitten er zum Himmel brachte. Als bewaffneter Krieger ging er nachts auf der Erde auf und ab, wenn die Dämonen am stärksten waren. Sein besonderer Feind war der Dämon Aeschma („Zorn“). Sraoscha wohnte auf dem Gipfel des Berges Haraiti in einem Saal mit tausend Säulen, den funkelnde Sterne beleuchteten. Er fuhr in einem zweirädrigen Wagen, der von schnaubenden, schneeweißen Rössern mit goldenen Hufen gezogen wurden.

Der *jasata* Sraoscha fuhr in einem zweirädrigen Wagen. Der hier abgebildete goldene Wagen stammt aus dem sogenannten Oxusschatz (etwa 5.–4. Jahrhundert v. Chr.).

Der Zurvanismus

Der Zurvanismus entwickelte sich zur Zeit der Sassaniden-Dynastie (224–651 n. Chr.) zu einer bedeutenden Bewegung innerhalb des Zoroastrismus. Nach dieser Lehre waren die Geister des Guten und des Bösen Zwillinge und Nachkommen eines absoluten Wesens: Zurvan-i-Akanarak („Unendliche Zeit“).

Man weiß nicht genau, wie der Zurvanismus beschaffen war, denn es gibt keine zurvanistischen Schriften mehr. Einige der Glaubensvorstellungen konnten jedoch aus zoroastrischen und nichtpersischen Erzählungen erschlossen werden.

Danach hatte Zurvan tausend Jahre lang allein gelebt und Opfer gebracht, um einen Sohn zu erschaffen. Als ihm das nicht gelang, begann er an der Wirksamkeit seiner Opfer zu zweifeln – und aus jenem Zweifel entstanden in ihm zwei Kinder: Ohrmasd (Ahura Masda) und Ahriman. Zurvan versprach dem Sohn, der als erster erscheine, die Macht über die spätere Schöpfung. Vor Machtgier rasend, durchstieß Ahriman Zurvans Leib und gab sich als Ohrmasd aus. Aber Zurvan ließ sich nicht täuschen, und als auch Ohrmasd hervorkam, überreichte Zurvan ihm das Rutenbündel, das persische Priester bei Ritualen benutzten.

Ohrmasd schuf Himmel und Erde und Ahriman alle schlechten Dinge. Zurvan mußte sein Versprechen halten, und so gab er – auf 9000 Jahre begrenzt – dem arglistigen Ahriman Macht über die Erde, nach deren Ablauf das Gute wiederhergestellt werden sollte.

Nach dem Zurvan-Mythos waren demnach Gut und Böse, Licht und Dunkelheit eine Einheit auf höherer Ebene – in der Gestalt des Vaters, der Unendlichen Zeit.

Silberstatuette eines Königs (5.–4. Jh. v. Chr.). Er hält ein Rutenbündel in der Hand, das dem gleicht, das Zurvan Ohrmasd überreichte.

bender Schönheit und ein entschiedener Feind von Krankheit und Tod auf Erden.

Spenta Armati („Heilige Frömmigkeit“), die Beschützerin der Erde, war eine hübsche Tochter des Weisen Herrn und saß zu seiner Linken. Chschathra Vairja („Begehrenswerte Herrschaft“) war für die Sicherheit des Himmelsgewölbes zuständig, Haurwatat („Gesundheit“ oder „Wohlergehen“) war der Schutzgeist des Wassers, und Ameretat („Langes Leben“) sorgte für die Pflanzen. Ahura Masda selbst wachte über die siebte Schöpfung, die Menschheit. Das tägliche *jasna* sollte diese Schöpfungen nähren und die Heiligen Unsterblichen ehren.

Ahura Masda und die Heiligen Unsterblichen waren viele und einer. Manchmal wurde der Weise Herr als Vater der Unsterblichen betrachtet, ein anderes Mal war er mit ihnen verschmolzen. Nach einer anderen Interpretation glichen die Unsterblichen vielen Fackeln, die von einer einzigen Flamme entzündet worden waren. Ahura Masda und die Unsterblichen hatten einen einzigen Zweck und ein kollektives Bewußtsein. In späteren zoroastrischen Texten wurden die Unsterblichen jedoch weniger als Aspekte des Ahura Masda, sondern mehr als unabhängige Gottheiten oder Engel gesehen. Abbildungen zeigen sie auf hohen Goldthronen, und sie sollen in einem Himmel mit dem Namen „Haus des Gesangs“ gewohnt haben. Dieses Bild beeinflußte später im Christentum die Vorstellung von Engeln und Erzengeln stark. Aus den Heiligen Unsterblichen gingen andere heilige Wesen hervor, die *jasata* oder Verehrungswürdigen, frühere Götter des arischen Pantheons *(Kasten Seite 57)*.

Soldaten der Finsternis

In den ersten Tagen, als der gute Geist die Güte wählte, entschied sich der böse Geist für die Boshaftigkeit, und ihre Wahl führte zur guten und zur bösen Schöpfung. Die Anhänger des *drug* führten ständig Krieg gegen die gute Schöpfung.

In späteren Schriften ist zu lesen, daß der böse Geist Angra Mainju oder Ahriman in einem finsteren, schattigen Krater im äußersten Norden wohnte – von jeher der Ort, von dem die Dämonen kamen. Er konnte die Gestalt eines gewandten Jünglings, einer hinterlistigen Schlange oder einer blitzschnellen Eidechse annehmen. Er schuf alles, was böse war und sich dem Guten widersetzte: die Häßlichkeit, um die Schönheit herauszufordern, die Krankheit, um die Gesundheit zu besiegen, und den Tod, um das Leben zu beenden.

Zarathustra verdammte die Verehrung der kriegerischen Gottheiten des alten Pantheons, die er mit den arischen Viehdieben und dem Ritual des Tieropfers in Verbindung brachte. Von der Zeit an, als sich die arischen Nomaden mit den in Persien ansässigen Stämmen vermischt hatten, verehrten sie zwei Arten von Gottheiten – gute und kriegerische. Ursprünglich waren die Bezeichnungen *daeva* und *ahura* Göttertitel, aber Zarathustra beschränkte die Bezeichnung *daeva* auf die Kriegsgötter. Seiner Überzeugung nach waren die *daeva* vom bösen Geist verführt worden und hatten die Bosheit gewählt, und deshalb gehörten sie zu den Dämonen – die bei den Zoroastriern fortan *div* hießen. Merkwürdigerweise nahmen die beiden Titel in Indien, wo ebenfalls Arier einwanderten, die gegensätzliche Bedeutung an: Während im Zoroastrismus *ahura* verehrt und *daeva* verdammt wurden, bezeichnete man in Indien nach etwa 1000 v. Chr. mit *asura* Dämonen und mit *deva* Götter. Auch der Kult einiger Kriegsgötter ist in Indien wiederzufinden, vor allem der Kult des Indra.

Teil eines bronzenen Pferdegeschirrs in Form eines Tiers mit Menschenkopf (Luristan, Westpersien, um 800–700 v. Chr.). Zarathustra verdammte die kriegerischen Gottheiten, welche er mit den arischen Nomaden in Verbindung brachte, die auf ihren Wanderzügen alles verwüstet hatten.

Andere Dämonen des Zoroastrismus waren Sauru, der Bringer der Anarchie und Herr der Trunkenheit, Naonhaithja, die Quelle der Arroganz, und Aka Manah, die Verkörperung des Bösen. Der Dämon Aeschma („Zorn“) mit seiner Gier nach Gewalt hatte seine Freude daran, sowohl unter den *aschawan*, den Rechtschaffenen, als auch unter den Dämonen Zwietracht zu säen. Vor allem diejenigen, die auf Erden ihr Äußeres vernachlässigten oder Rauschmittel nahmen, mußten sich vor Aeschma hüten.

Der blutrünstige, dreiköpfige Drache Azhi Dahaka gehörte den niederen Dämonen an, die manchmal als *drug* („Lüge“) bezeichnet wurden. Azhi Dahaka wollte die Erde ihres Lebens berauben. Sein Körper war ein wogender Haufen von Skorpionen, Eidechsen und Insekten mit giftiger Zunge. Diese ekelhaften Monster verbargen sich unter Azhi Dahakas Haut, und ihre Zahl reichte aus, um die Erde zu bedecken, sollte er jemals platzen. Manchen Überlieferungen zufolge war er der spätere König Sahak mit den Schlangenschultern *(Seite 43)*; andere Mythen erzählen, daß er von dem tapferen Krieger Thraetaona besiegt und im Berg Demawend eingesperrt worden sei.

Nasu stand für Zerfall des Körpers und brachte Infektionen. Jahi war eine Dämonin mit geschmeidigem Körper, die die Männer verführen und ruinieren wollte, während andere Dämonen abstrakte Begriffe wie Neid und *az* („Falschheit“) personifizierten.

Schöpfungsgeschichten

Das Böse, Angra Mainju, kam aus seiner Heimstatt unten in der Finsternis, um Ahura Masda anzugreifen. Der Weise Herr bot ihm sofort Frieden an – unter der Bedingung, daß Angra Mainju das Gute anerkenne und preise. Der böse Geist jedoch, den nach Zerstörung gelüstete, lehnte ab und schwor, das Gute in jeder Form und an jedem Ort zu bekämpfen.

Ahura Masda erkannte, daß das Böse das Gute vergiften würde, wenn er zuließ, daß es sich ihm auf ewig widersetzte. Deshalb schlug er vor, den Kampf zwischen ihnen nur für eine begrenzte Zeit wüten zu lassen. Angra Mainju, bei dem an die Stelle des Verstandes Unwissenheit und Lust auf Gewalt getreten waren, erklärte sich einverstanden. Damit besiegelte er seine Niederlage, denn am Ende der festgesetzten Zeit würde das Gute das Böse endgültig vernichten.

Da sprach Ahura Masda die glückverheißenden Worte des alten zoroastrischen Gebets *Ahuna Vairja* in dem der Weise Herr als Meister des *ascha* und als Quell des Lebens und aller guten Dinge gepriesen wird. Die Zoroastrier glauben, daß der Kern ihres

Miniaturgemälde einer lasziv hingelagerten Frau von Mir Afzal Tumi (um 1645). Angra Mainju hoffte, die Verführerin Jahi werde die Männer von ihrem Schöpfer Ahura Masda ablenken.

Glaubens im Gebet enthalten und das Sprechen eines Gebets die höchste Form der Verehrung sei. Als der Weise Herr die heiligen Worte zum erstenmal sprach, hallten sie überall wider. Angra Mainju erbebte vor Zorn und Furcht, als er erkannte, daß das Böse dem Guten am Ende nicht gewachsen sein werde. Er fiel in den Abgrund, in dem er erstmals erwacht war, und dort in der Düsternis lag er 3000 Jahre lang wie tot.

Das Wiederaufleben des Bösen

Die gute Schöpfung nahm durch die Kraft Ahura Masdas Gestalt an. Aus der Reinheit des Lichts, in dem er existierte, schuf er das Universum in seinem geistigen Sein – *menog* („immateriell") auf Pehlewi – und sodann in seiner physischen Gestalt – *getig* („materiell") auf Pehlewi. Zuerst schuf er die Heiligen Unsterblichen und durch sie die *jasata,* die Verehrungswürdigen. Dann formte er die Welt, fast wie sie in den arischen Schöpfungsmythen vorkam *(Seite 28).* Er schuf die Kugel aus Stein, die alle Dinge umschloß; ihre obere Hälfte bildete den Himmel, ihre untere war mit Süßwasser gefüllt. Auf die Wasseroberfläche setzte er die Erde. In den Mittelpunkt der Erde stellte er einen kräftigen Baum, einen breitschultrigen Stier und den Urmenschen Gajomartan – der auf Pehlewi Gajomart hieß und im *Schahnameh* Kajumars. An dem Baum wuchs keine Rinde und kein stechender Dorn, denn alle Dinge waren vollkommen: Die Haut des Stiers war makellos weiß, und Gajomartans metallener Körper, der in einigen Erzählungen genauso breit wie hoch war, leuchtete so strahlend wie die Sonne. Die Erde war vollkommen eben, und am Himmel stand die Sonne stets im Zenit.

Inzwischen war Angra Mainju aus seiner 3000 Jahre dauernden Verzweiflung erwacht. Als sich erneut Leben in ihm regte, ließ ihn eine gewaltige, verderbte Abart der schöpferischen Kraft des Weisen Herrn erbeben, und aus seinem Leib kroch eine Schar arglistiger Dämonen hervor. Unter ihnen war auch Jahi, die hübsche Verführerin mit der schlanken Taille. Sie kniete dicht neben ihrem bösen Herrn nieder und flüsterte ihm ihre niederträchtige Absicht ein, alle Dinge mit dem Bösen zu überschütten. Vor allem wolle sie den starken Stier und den rechtschaffenen Gajomartan ins Elend stürzen.

Die Wüsten Persiens, wie diese hier in der Nähe von Jasd, sollen vom bösen Angra Mainju erschaffen worden sein.

Erfreut über ihre Worte scherzte und liebäugelte Angra Mainju mit ihr und schmeichelte ihr mit dem Versprechen, sie werde die Macht erlangen, die Diener des Weisen Herrn zu verführen. Dann blickte Angra Mainju von seiner dunklen Grube aus auf die lichtdurchflutete gute Schöpfung und machte sich zum Angriff bereit. Mit dem Heer von Dämonen im Rücken durchbrach er die untere Hälfte der Steinkugel und schoß durch das Wasser empor, das er dabei mit bitterem Salz verpestete. Die gesamte gute Schöpfung erzitterte bei seinem Ansturm, und der böse Geist und seine Dämonen fielen über jedes gute Ding her, das ihnen begegnete.

Auf der Erde schuf Angra Mainju die Wüsten, die der Feind von Pflanzen und Tieren sind, und ersann den Wirbelwind und den Sandsturm als Werkzeuge für seine zerstörerischen Pläne. In den ebenen, fruchtbaren Boden stach er Löcher hinein, so daß Täler entstanden, und mit dem ausgestochenen Erdreich türmte er hoch aufragende, kahle Berggipfel auf. Er stürzte die Sonne von ihrem Platz an der höchsten Stelle des Himmels, vergiftete die Urpflanze und schlachtete den Stier. Selbst das reine, heilige Feuer verschmutzte er mit wirbelndem Rauch. Dreißig Jahre lang hielt Gajomartan der Macht des Bösen stand, denn so war es von Ahura Masda verfügt. Am Ende jener Zeit rangen die *jasata* mit den Dämonen neunzig Tage lang im materiellen Universum, aber dann triumphierte das Böse – Gajomartan unterlag und starb.

Ahura Masdas Schöpfung war rein und gut gewesen, aber Angra Mainju verunreinigte sie mit den unzähligen Arten des physischen und moralischen Bösen. Nach dem zoroastrischen Glauben ist es ein Akt großer Schlechtigkeit, das gute Wesen der materiellen Welt zu leugnen, und Zoroastrier zeigen physischen Dingen gegenüber Ehrfurcht, besonders in ihrer reinsten Form, Feuer und Wasser. Sie betrachten das Böse als eine geistige Kraft, die in der Regel keine physische Gestalt annehmen kann – obwohl es davon Ausnahmen gibt *(Seite 64).*

Das Heer guter Menschen

Angra Mainju betrachtete seine Arbeit, und eine grimmige Freude erfüllte ihn. Er wandte sein Gesicht dem finsteren Ort zu, den er seine Heimat nannte, doch plötzlich traf sein Blick etwas Unerhörtes: In schwerer Rüstung und von Waffen strotzend, stand der gewaltige Geist des Himmels vor ihm, gefolgt von einer Schar *frawaschi,* himmlischer Menschenseelen. Die *frawaschi* hatten beschlossen, Ahura Masda im Kampf gegen das Böse zu helfen.

Angra Mainju wollte kehrtmachen, aber da sah er, daß er in einer Falle saß – denn die Steinschale, die sich oberhalb und unterhalb der Erde wölbte, erschien nun wie die Mauern eines Gefängnisses, aus dem er sich trotz größter Anstrengungen nicht selbst befreien konnte. Deshalb heißt es, der Weise Herr habe das Universum geschaffen, um das Böse zu bekämpfen.

Einigen Erzählungen zufolge wollte sich Ahura Masda vor Angra Mainjus Angriffen schützen. In dieser Interpretation wird der böse Geist als Gefangener dargestellt, denn seine böse Absicht ist in der materiellen Welt gefangen, so daß er unfähig ist, Ahura Masda einen Schaden zuzufügen.

Nun machten sich die Kräfte des Guten an die Arbeit. Ameretat, der *amescha spenta,* der als Schutzherr der Pflanzen verehrt wird, drückte den Urbaum – wie es der Priester tut, der für das Ritual des *jasna* aus einer Haoma-Pflanze den Saft preßt, und sandte dann Regen und Wind, die den Samen des Baumes in alle Welt trugen. Überall begannen Pflanzen zu sprießen. Aus dem Körper des geschlachteten Stiers wuchsen nahrhaftes Getreide und Heilkräuter hervor. Sein Samen stieg zum stets wachsamen Mond hinauf, wo er gereinigt wurde und unzähligen Herden sanftmütiger Rinder Leben schenkte. Unterdessen wurde Gajomartans Samen von der Sonne gereinigt und brachte viele Generationen von Männern und Frauen hervor. Wie die übrige gute Schöpfung wurde auch die Menschheit aus dem Guten und für den Kampf des Guten gegen das Böse erschaffen. In einer anderen Version drangen Gajomartans metallener Körper und sein Samen in die Erde ein, wo sie zu Erzen und Mineralien wurden und die ersten Menschen bildeten, die in Gestalt einer Pflanze wuchsen *(Kasten gegenüber).*

In den alten arischen Schöpfungsmythen hatten die Götter die erste Pflanze, den ersten Stier und auch den ersten Menschen als Opfer dargebracht, was zu dem blühenden Leben auf der Erde führte *(Seite 29).* In der überarbeiteten zoroastrischen Version jedoch wurde aus der Opferung jener ersten Lebensformen ein Akt des Bösen, der nur durch die *amescha spenta* und die anderen Kräfte des *ascha* zum Guten gewendet werden konnte.

Ein Apotheker bei der Zubereitung von Arznei. Die Erschaffung von Heilkräutern aus dem Körper des geschlachteten Ur-Stiers war ein entscheidender Schritt zur Vereitelung der schädlichen Pläne Angra Mainjus (Abbildung aus dem Lehrbuch *Materia Medica* von Dioskorides aus dem 13. Jahrhundert).

Epochen der Geschichte

Im Zoroastrismus dauert die Geschichte 12 000 Jahre und ist in vier Zeitabschnitte von je 3000 Jahren Dauer unterteilt. Die Zahl Drei wurde von den Zoroastriern als glückbringend erachtet – was für viele andere Kulturen ebenfalls gilt.

In diesem historischen Gefüge kam es während der ersten 3000 Jahre zur Erschaffung von *menog*, der geistigen Welt. Gleichzeitig war es die Periode, in welcher der böse Geist verzweifelt tief unten in seinem düsteren Bau schmachtete. In den folgenden 3000 Jahren wurde *getig* erschaffen, das materielle Universum *(Seite 61)*. Zu Beginn des dritten Abschnitts griff Angra Mainju die gute Schöpfung an, und später in diesem Stadium existierten schließlich Gut und Böse gleichzeitig im Universum. Zarathustras glorreiche Geburt markierte das Ende jenes Zeitraums und leitete die letzten 3000 Jahre ein, die gegenwärtigen, in denen der böse Geist vernichtet werden wird. Am Ende der Welt wird das Gute triumphieren *(Seite 69)*.

Die ersten Sterblichen

Das Leben des ersten Menschen Gajomartan war kurz, trug jedoch Jahre später Frucht in einer Pflanze, aus der die ersten sterblichen Männer und Frauen entstanden, welche die Welt bevölkerten.

In der finsteren Stunde, in der Gajomartan erschlagen wurde, drang sein Samen in die Erde ein. Vierzig Jahre schien der Strahl der Sonne auf diese Stelle, bis schließlich eine Rhabarberstaude aus dem Erdreich wuchs. Aus den Stielen und Blättern dieser Pflanze entstanden ein Mann und eine Frau, Maschja und Maschjanag, Vater und Mutter der zehn Menschenrassen.

Schon bald löste sich das Menschenpaar von den Wurzeln der Pflanze und schritt über die Erde. Ahura Masda wies sie an, stets das Gute zu suchen und das Böse zu meiden. Aber die Mächte des Bösen stürmten auf Maschja und Maschjanag ein, und in ihrer Verblendung erschien dem ersten Mann und der ersten Frau die Welt als ein rauher und abweisender Ort und als die Schöpfung des bösen Geistes. Das war die erste und größte aller Sünden: die Leugnung des Werkes Ahura Masdas.

Maschja und Maschjanag kamen vom Weg ab und irrten weit entfernt vom Pfad der Wahrheit umher, den Ahura Masda für sie angelegt hatte. Obwohl sie rituelle Opfer darbrachten und nicht vor rechtschaffener Arbeit zurückschreckten, gelang es ihnen nicht, dem bösen Bann zu entrinnen, mit dem Angra Mainju sie belegt hatte. Sie verloren sogar den Wunsch, das Menschengeschlecht durch die Wonne der geschlechtlichen Vereinigung zu vermehren. Fünfzig unfruchtbare Jahre lang lebten sie ohne Nachkommen. Schließlich aber gebar Maschjanag Zwillinge.

Anstatt jedoch ihre Erstgeborenen zu lieben, schlachteten und aßen Maschja und Maschjanag sie. Damals schmeckte das Fleisch von Säuglingen süß – was Ahura Masda unverzüglich änderte.

Jahre später bekamen Maschja und Maschjanag erneut Zwillinge, die zu kräftigen, gesunden Erwachsenen heranwuchsen. Sie waren die Eltern der Stämme Persiens – und dadurch des gesamten Menschengeschlechts.

Siegel aus dem 5. Jahrhundert n. Chr., das den ersten Menschen Gajomartan mit einem Hund zeigt. Gajomartans Körper war aus Metall.

Gute Tiere, böse Tiere

Zoroastrier glauben, daß das Böse keine physische Gestalt annehmen kann, weil Ahura Masdas materielle Schöpfung vollkommen gut ist. Trotzdem gehen sie von jeher einigen Wesen aus dem Wege, die sie mit dem Bösen assoziieren, während sie andere, die sie für gütig halten, verehren.

Ein religiöser Text aus der Sassaniden-Zeit (224–651 n. Chr.) beschreibt, wie Ahura Masda erkannte, daß einige mächtige Formen des Bösen im geistigen Zustand gefährlicher sein können als im materiellen; deshalb gab er ihnen eine physische Gestalt. Auf diese Weise erklären sich die Zoroastrier die Existenz einiger durch und durch bösen Geschöpfe innerhalb der gütigen Schöpfung.

Die Zoroastrier betrachten den Tod als böse Macht, die die Schöpfung verunreinigt, und sie glauben fest an Reinheit und Sauberkeit als positive Kraft. Zum Beispiel lehren sie, daß alles, was aus dem menschlichen Körper ausgeschieden oder von ihm entfernt wird – Exkremente, abgeschnittene Haare und Fingernägel, sogar der ausgestoßene Atem –, tot und unrein ist. Tiere und Insekten, die gewöhnlich mit Tod und Schmutz assoziiert werden, gehören zu den bösen Geschöpfen, den *kraftstar*. Das sind vor allem Fliegen; aber auch Käfer, Wespen, Ameisen und Ratten sind Erscheinungsformen des Bösen.

Die *pairaka,* die gefährlichen, verführerischen weiblichen Dämonen, erscheinen als Ratten mit einem glatten, glänzenden Fell und leuchtenden Augen. Eine andere Dämonin namens Nausch hat die Gestalt einer Fliege und soll auf den unheilbringenden Winden aus dem Norden reiten, wo nach dem Glauben der Zoroastrier das Böse seine Wohnstatt hat. Wenn eine Seele ihren Körper verläßt, kommt Nausch sofort heruntergeflogen und läßt sich auf dem Leichnam nieder.

Die Zoroastrier sehen in häßlichen Wesen wie Kröten und Eidechsen einen Verstoß gegen die Schönheit der guten Schöpfung und betrachten sie als die physische Gestalt, die Ahura Masda dem Bösen gab, um dessen Macht zu begrenzen. Ein Frosch gilt als Feind der Schöpfung, denn angeblich zerbeißt er die Wurzeln des Baums der vielen Samen, der aus dem kosmischen Ozean Vourukascha emporragt *(Seite 29)*.

Die Schlange und der Skorpion, die dem Leben des Menschen ein Ende setzen können, werden ebenfalls gefürchtet und geschmäht, ebenso wie in der Vergangenheit die Löwen mit zottiger Mähne, die einst das persische Hochland durchstreiften und durch die Träume der Menschen spukten. Die Zoroastrier stehen auch Hauskatzen wegen ihrer Abstammung von Raubtieren mißtrauisch gegenüber.

Einige Tiere hingegen gelten als von den Göttern beauftragte Verbündete des Menschen im Kampf gegen das Böse. Zu diesen zählen in erster Linie Kuh und Hund. Der Hund verkörpert einige der Eigenschaften, mit denen der Weise Herr sein Volk ausstattete und nach denen jeder Rechtschaffene streben sollte, vor allem Treue und Warmherzigkeit. Manche Hunde sollen über wunderbare Kräfte verfügen. Ein Hund mit gelbem Fell und sechs Augen oder ein weißer Hund mit gelben Ohren kann die Fliegendämonin Nausch vertreiben. Bereits lange vor Zarathustra wurde das Vieh als Symbol für die gute Schöp-

Dieser Kopf einer Streitkeule hat die Form eines Löwen. Die Intarsien sind aus Kupfer und Silber (Chorasan, Nordostpersien, 11.–12. Jh.).

fung des Weisen Herrn verehrt. Die Kuh, die mit ihrem Fleisch und ihrer Milch Nahrung, mit ihrem Dung Brennstoff und mit ihrer Haut Kleidung lieferte, war für das Überleben der Menschen wichtig. Selbst ihr Urin war von Nutzen, denn wegen seines Ammoniakgehalts diente er als Reinigungsmittel, und vor dem *jasna*-Ritual wurden die Gefäße damit gespült. In den Schöpfungsmythen repräsentierte der Stier das gesamte Tierreich, und noch heute halten die Parsen – die Zoroastrier in Indien *(Seite 135)* – in ihren Tempeln heilige Stiere und stellen aus deren Schwanzhaaren Filter zum Durchseihen des Haoma-Safts her.

Fabeltiere im Zoroastrismus

Eine Menagerie wunderbarer Geschöpfe bevölkerte die imaginäre Welt des Zoroastrismus. In den obersten Ästen des Baumes der vielen Samen hockte Saena, halb Vogel und halb Hund; wenn sich dieses Fabeltier erhob und mit den Flügeln schlug, entstand ein Wind, der die Samen überallhin trug.

Auf Pehlewi hieß der Vogel Senmurv, und in ihm könnte Simurgh seinen Ursprung gehabt haben, das weibliche Vogelwesen späterer Überlieferungen *(Seite 74)*. Saena oder Senmurv soll in dem Baum ein Nest gehabt und ihre Nachkommen gesäugt haben.

In den Fluten, die den Baum der vielen Samen an den Wurzeln umspülten, schwammen die *kar*, zehn wunderschöne Fische *(Seite 29)*. Die *kar* zogen unermüdlich ihre Kreise, um die Feinde von *ascha*, der Wahrheit, zu vertreiben – wie den Frosch, dessen Aufgabe es war, die Wurzeln des Baums der vielen Samen zu zerbeißen *(gegenüber)*. Ebenfalls geschützt wurde der Baum von einem Esel mit leuchtend weißem Fell. Dieser Esel hatte die glückverheißende Anzahl von neun Mündern, sechs Augen und drei Beinen, und aus seiner Stirn ragte ein Horn aus purem Gold.

Ein anderer Vogel, Tschamrusch, half bei der Verteilung der vom Baum fallenden Samen. Die Feinde Persiens waren auch seine Feinde, und die Mythen erzählen, wie er vom Himmel herabstürzte und sie mit seinem Schnabel angriff. In Geschichten über Zarathustras Leben heißt es, daß Karschiptar, ein Vogel mit kräftigen Flügeln, umherflog, um die Botschaft des Propheten überallhin zu bringen. Und es gab die heilige Eule Aschozuschta, die Gebete kannte, mit denen Dämonen zu besiegen waren.

Aber nicht alle zoroastrischen Fabelwesen waren Verteidiger des Glaubens. Einige gehörten dem dämonischen Heer der *drug an*, die Angra Mainju geschaffen hatte. Das mächtigste dieser Untiere war der dreiköpfige Drache Azhi Dahaka *(Seite 34)*.

Der Kelch aus Elektrum, einer Legierung aus Gold und Silber, ist mit Fabelwesen verziert (Nordwestpersien, 1200 v. Chr.).

Das Leben nach dem Tode

Die Zoroastrier glauben, daß alle Menschen nach dem Tode gemäß ihrem Verhalten auf Erden gerichtet werden. Je nach der Rechtschaffenheit ihres Lebens wandert die Seele zu einem von drei Orten. Diese Vorstellung hatte alte Wurzeln, und durch Zarathustras Einfluß sollten Begriffe wie Bestrafung und Seligkeit künftige Religionen beeinflussen.

In den ersten drei Nächten nach dem Tod befällt die Seele Traurigkeit darüber, daß sie von ihrer physischen Heimstatt getrennt wurde, und sie schwebt nahe bei dem Ort, an dem der Körper zur letzten Ruhe gebettet wurde. Sie denkt über das Leben nach, das sie geführt hat, wobei sie sich in der ersten Nacht an Worte, in der zweiten an Gedanken und in der dritten an Taten erinnert. Dämonen schwärmen umher, erpicht darauf, Leid zu bringen, aber wenn die Seele Glück hat, wird sie geschützt durch die Gebete und Rituale der Hinterbliebenen.

Im Morgengrauen des vierten Tages tritt die Seele ihre lange Reise zum göttlichen Gericht an. Sie wird zu Mithra, Sraoscha und Raschnu gebracht. Mit Waagschalen wiegen sie die guten und die bösen Gedanken, Worte und Taten des Menschen auf der Erde. So werden die Seelen aller Menschen nach denselben Maßstäben beurteilt, und es ist ganz gleich, ob sie reich oder arm, Priester oder Bauer waren. Schlägt die Waage zugunsten des Guten aus, wird die Seele von einer frischen, sanften Brise erfaßt und blickt in die Augen einer überwältigend schönen Jungfrau mit schimmernder Haut. Ihre Stimme bebt vor himmlischer Freude, wenn sie sich vorstellt: Sie sei das reine Gewissen der rechtschaffenen Seele. Überwiegt jedoch das Böse, erblickt die Seele ein scheußliches altes Weib mit faulendem Fleisch, stinkendem Atem und pockennarbigem Gesicht.

Sowohl gute als auch schlechte Seelen kommen an eine Schranke: die Cinvatbrücke. Dem Guten erscheint sie als breiter, bequem gangbarer Weg, auf dem die Geister der *jasata,* der Verehrungswürdigen, lustwandeln und der zum Glück im Himmel führt. Der Schlechte hingegen sieht sich einem schmalen Pfad gegenüber, nicht breiter als ein Felsgrat, an dem zu beiden Seiten Geröll in die Tiefe stürzt. Die Schlechten können die Brücke nur bis zur Hälfte überqueren, dann stürzen sie hinab in die Arme der häßlichen Alten und fahren mit gellenden Schreien in die Hölle. Bei wenigen Seelen sind Gut und Böse im Gleichgewicht; diese werden an einen dritten Ort gebracht, *miswan gatu* („Ort der Gemischten"), der auch *hamestagan* genannt wird.

Himmel und Hölle werden in zoroastrischen Mythen genau beschrieben. Der Himmel befindet sich im lichtdurchfluteten Wolkengewölbe – oder jenseits davon –, die Hölle unten in einer farblosen Unterwelt. Die Vorstellung vom Jenseits beruhte stark auf dem Bild, das einst die arischen Nomaden vom Leben nach dem Tode hatten. Auch sie glaubten, daß die Seele drei Nächte nach dem Tode auf der Erde blieb und glückliche Seelen auf ihrem Weg ins Paradies die Cinvatbrücke überqueren mußten. Doch gelangten ihrer Vorstellung nach nur Menschen in den Himmel, die auch auf der Erde bedeu-

tend gewesen waren. Alle Armen und wohl auch alle Frauen kamen in die Totenwelt, die vom Urkönig Jima regiert wurde.

Himmel und Hölle sind nicht ewig, denn die Zoroastrier glauben, daß über das irdische Verhalten aller Männer und Frauen zweimal gerichtet wird: einmal nach dem Tod des physischen Körpers und dann noch einmal am Ende der Zeit. Ahura Masda verdammt die Sünder nicht zu endlosem Leiden, doch läßt er sie ihre Missetaten sühnen. Alle Männer und Frauen sind Teil der guten Schöpfung und dazu bestimmt, mit Ahura Masda an dem Frohlocken teilzuhaben, das dem Sieg über das Böse folgen wird.

Die Vision des Viraf

In einer Geschichte wurde der *aschawan* Viraf für seine Rechtschaffenheit mit einer Vision der Freuden des Himmels und der Leiden der Hölle belohnt. Sraoscha, der *jasata* des Gehorsams, führte Viraf über die Cinvatbrücke zum Himmel, wo er die Seelen der rechtschaffenen Männer und Frauen sah, die wie Sterne am Himmel funkelten. Er kam zu Ahura Masda, wo er die *aschawan* aller Gruppen antraf, darunter tugendhafte Ehefrauen, Bauern, Handwerker und jene, die den Frieden liebten. Sie lebten in Freude mit ihrem Herrn und ruhten zwischen weichen Kissen, die auf Teppichen in den herrlichsten Farben lagen.

Virafs Führer durch die Hölle war eine arglistige, häßliche Alte. Er wurde Zeuge des Unheils an einem Ort, an dem die Schatten so dick waren, daß ein Mensch nach ihnen greifen konnte. Für diese armen Seelen schien die Zeit quälend langsam zu vergehen, und ihre Strafen schienen ewig zu währen.

Nachdem die Seele von den drei Verehrungswürdigen gerichtet wurde, blickt sie entweder in das Gesicht der gütigen Jungfrau, die ihre Arme ausgestreckt hat – oder in das der arglistigen, häßlichen Alten, die jenen Verdammung bringt, die in ihrem Erdenleben vom rechten Weg abgekommen sind.

Der Sieg des Guten

Zarathustras Leben und Lehre leiteten die vierte Phase der Geschichte ein – die gegenwärtige und letzte. Diese Epoche ist ihrerseits in vier Abschnitte unterteilt. In der goldenen Zeit erlebte Zarathustra die Offenbarung der Guten Religion, in der silbernen bekehrte er König Vischtaspa. Die stählerne Zeit war die Herrschaft der Sassaniden, und die letzte, die eiserne Zeit, ist für das Böse eine Epoche des Triumphes – doch nur scheinbar. Am Ende wird das Gute siegen.

Der Überlieferung nach hatte Zarathustra eine Vision vom Wiederaufleben des Bösen: Er sah, wie eine ungestüme Horde verwahrloster Dämonen Persien überfiel. Erdbeben und Dürre vernichteten die Ernten, und die Armen verhungerten. Am Himmel verdunkelten sich Sonne und Mond. Der Traum erfüllte das Herz des Propheten mit Furcht, und er flehte, vor einem Leben in dieser schrecklichen Zeit verschont zu werden. Doch wie er erfuhr, sollte die Hoffnung zurückkehren: Wenn am blauen Himmel ein Reigen funkelnder Sterne zu sehen sei, werde dies das Zeichen sein für die Geburt eines Prinzen. Dieser werde das Böse aus dem Land vertreiben, und dann werde ein vom Himmel gesandter Erlöser zur Welt kommen.

Die ersten Siege des Guten

Der Weise Herr verfügte, daß auf der Erde drei Erlöser erscheinen werden, um im Zeitalter des Eisens dem Guten in seinem Kampf mit dem Bösen beizustehen. Jeder dieser Krieger solle von einer Jungfrau mit reinem Herzen geboren werden, aber auch als Sohn des Zarathustra. Wunderbarerweise werde das Sperma des Propheten in einem persischen See mit kristallklarem Wasser aufbewahrt, an den sich die auserwählte Jungfrau zum festgesetzten Zeitpunkt zum Baden begeben möge.

Auf dieser Silberschale aus dem 5. Jahrhundert n. Chr. ist ein Sassaniden-König zu sehen, der Löwen abwehrt. Löwen gehörten zu den Verkörperungen des Bösen. Zarathustra glaubte, daß die Menschheit das Böse bis ans Ende der Zeit bekämpfen müsse.

Durch Zarathustras Samen, der frei im Wasser treibe, werde sie ein heiliges Kind empfangen.

Der erste Erlöser wird Auschedar sein, zu dessen Lebzeiten die Kraft des Bösen zu schwinden beginnt. Wenn er mit dreißig Jahren das Alter der Weisheit erreicht hat, verharrt die Sonne zehn Tage lang im Zenit, und in der Welt erstirbt für drei Jahre jeglicher Streit. Aber dann schlägt das Böse zurück.

In der Zeit des zweiten Erlösers Auschedarmah wird das Gute doppelt so stark werden wie zuvor. Die Sonne steht dann zwanzig anstatt zehn Tage im Zenit, und sechs statt drei Jahre lang herrschen in der Welt Friede und Wohlstand. Schlangen und andere *kraftstar* werden verschwunden sein. Männer und Frauen ernähren sich nicht mehr von Fleisch, sondern essen Früchte, und statt Milch oder Wein trinken sie reines Wasser. Aber dann bricht der widerliche Drache Azhi Dahaka aus dem Fels des Demawend aus, in das ihn Thraetaona einst sperrte *(Seite 44)*. Erst nach einer Zeit der Verwüstung wird Keresaspa *(Seite 46)* ins Leben zurückkehren und Azhi Dahaka töten.

Der dritte Erlöser Soschjant wird den endgültigen Sieg über das Böse erringen und den vollkommenen Zustand der guten Schöpfung wiederherstellen. Er wird die Körper der Toten auferwecken und sie mit ihren Seelen vereinen, bevor er alle zum Jüngsten Gericht versammelt. An jenem Tag wird die Trennung der Guten von den Bösen genauso leicht sein wie die Unterscheidung von weißen und schwarzen Schafen. Für drei Tage und Nächte kommen die Guten in den Himmel und die Schlechten in die Hölle. Wenn die *jasata,* die Verehrungswürdigen, ihre Widersacher im Heer der Dämonen besiegt haben, wird die Schöpfung von allem Schlechten befreit sein. Die erlittene Strafe in der Hölle wird den Boshaften ihre Rechtschaffenheit zurückgeben.

Dann wird der *jasata* der Heilung, Airjaman, das Metall in den Bergen schmelzen. Das flüssige Metall wird sich über die Schöpfung ergießen und dabei Berge und Täler einebnen und die Erde wieder vollkommen glatt machen. Männer und Frauen werden die Flüssigkeit durchschreiten; da sie nun rechtschaffen sind, wird sie ihnen wie ein sanftes Milchbad erscheinen. Die Dämonen werden getötet und Angra Mainju schließlich vernichtet werden.

Das Aquarell aus Isfahan (um 1650) zeigt einen Prinzen während eines Landausflugs. Derartige Szenen erinnern an die zoroastrische Vision vom Ende der Zeit, wenn die Menschen im Licht der Schöpfung Ahura Masdas leben werden.

Dann wird Soschjant ein glückverheißendes Opfer bringen, wozu er den himmlischen Stier Srischok schlachtet. Soschjant wird aus dem Fett des Stiers und der Frucht des Hom-Baumes, der im Vourukascha wächst, einen Wundertrank mischen. Der Trank wird Körper und Seele aller Männer und Frauen unsterblich machen und Geist und Materie miteinander verbinden, so wie es die ursprüngliche Absicht Ahura Masdas gewesen ist. Der Tod wird vernichtet werden. Die *amescha spenta,* die *jasata,* Männer und Frauen werden gemeinsam mit Ahura Masda in vollkommener Zufriedenheit auf Erden leben, umgeben von einem milden Licht inmitten von unzähligen Pflanzen und süß duftenden Blumen.

VOLLKOMMENE ORNAMENTE

Erlesene Muster sind ein Kennzeichen der persischen Kunst, von der Malerei über die Keramik bis zur Architektur und Kalligraphie. Ornamente sind jedoch keine pure Dekoration: In ihnen spiegelt sich das Streben nach Ordnung wider, so kompliziert sie auch sein mag, sowie der Glaube an die Harmonie des Universums. Darüber hinaus soll der Mensch durch das Betrachten symbolischer Formen die Gegenwart des Göttlichen erleben.

Die rhythmische Wiederholung in der Schöpfung künstlerisch zu erfassen war ein Verdienst der Araber, und sie erkannten, daß die Schrift das vollkommene Ornament schlechthin war. Das zeigte sich in illuminierten Handschriften, vor allem des Korans, wo die fließenden Formen der kalligraphischen Schrift durch feine florale und geometrische Muster ergänzt wurden. Diese Ornamente – seien sie nun in Büchern, an Moscheen, auf Teppichen oder Kacheln zu finden – zeugen von einem mächtigen Glauben, der Spiritualität und Ästhetik vereint.

Links: **Solche Ornamente im Innern eines Gebäudes, denen das Prinzip der Wiederholung zugrunde liegt, schaffen die Anmutung vollkommener Harmonie. Die zahlreichen kleinen Flächen an der Decke der 1638 in Isfahan erbauten Masjed-e Emam scheinen sich aufzulösen und verweisen so auf die Vergänglichkeit des Lebens und aller Dinge.**

Links: Diese Koraninschrift aus dem 15. Jahrhundert zeigt, wie vollkommen die Kalligraphie mit floralen und geometrischen Formen verschmilzt. Reichverzierte Inschriften dieser Art waren nicht immer lesbar, aber sie sollten auch nicht unbedingt gelesen werden, sondern in erster Linie auf die Gegenwart des Göttlichen hinweisen.

Rechts: Der antike Teppich aus Nordwestpersien weist ebenfalls sowohl geometrische als auch florale Muster auf. Vor allem bei Teppichen haben viele Stile ihren Ursprung in Mustern aus vorislamischer Zeit. Nach Meinung von Wissenschaftlern sind einige der heute verwendeten Motive über 3000 Jahre alt.

Links: An der Masjed-e Dschameh in Isfahan, einer Moschee und einem Museum islamischer Architektur, vermischen sich Einflüsse verschiedener Epochen, von der vorislamischen Sassaniden-Zeit bis ins 18. Jahrhundert. Hinter den wunderbaren Kacheln und der dekorativen Kalligraphie verbirgt sich die Schlichtheit der Moschee selbst, deren architektonische Formen in den Palästen der Parther ihren Ursprung haben. Sämtliche Teile des Bauwerks werden durch die kunstvollen Ornamente zusammengefaßt, welche die islamische Architektur so einzigartig machen. Farben schaffen eine zusätzliche Symbolik, wobei die vorherrschenden Blau- und Grüntöne auf Wasser und Ackerbau hinweisen, das Zeichen für Gottes unendliche Gnade.

DAS BUCH DER KÖNIGE

Die bei weitem bekannteste Quelle persischer Mythen ist das *Schahnameh,* das „Buch der Könige" (Schah heißt König). Entstanden zwischen Ende des 10. und Anfang des 11. Jahrhunderts, erzählt das Werk in Versen die Geschichte Persiens – von der Entstehung des Reiches in mythischen Urzeiten bis zu der Eroberung durch die Araber und der Einführung des Islam im Jahre 642 n. Chr.

Als Nationalepos hat das Buch des Dichters Firdausi eine ganz besondere Bedeutung für das Land. Noch heute sind Iraner aus allen Gesellschaftsschichten mit bestimmten Passagen sehr vertraut, und noch heute gibt es persische Geschichtenerzähler, die große Teile des *Schahnameh* aus dem Gedächtnis vortragen können.

Der Verfasser, Angehöriger des Landadels, lebte in Tus in Ostpersien. Die Pacht, die Firdausi für seine Ländereien einnahm, war zwar nicht üppig, doch sie ermöglichte ihm immerhin eine Existenz als Poet. Das *Schahnameh,* an dem er mehr als fünfundzwanzig Jahre schrieb, stellt sein Lebenswerk dar. Es war anfangs den Königen der Samaniden-Dynastie gewidmet, die den vergangenen Ruhm des Reiches gern hätten wiederaufleben lassen, doch zum Zeitpunkt der Vollendung des Epos waren diese von den türkischen Ghasnawiden gestürzt worden. Als Firdausi Geld für die Mitgift seiner Tochter brauchte, bot er sein Werk Mahmud von Ghasni an, dem Gründer der Dynastie und ausgewiesenen Kunstliebhaber. Mahmud versprach ihm 60 000 Goldstücke für die Arbeit, zahlte dann jedoch nur 60 000 Silberstücke. Erbost verfaßte der Geprellte eine bissige Satire auf den knauserigen und wortbrüchigen Herrscher.

Als Grundlage für das *Schahnameh* zog Firdausi in Prosa geschriebene Chroniken heran, deren Quellen bis zu den frühen Anfängen der persischen Geschichte zurückreichten. Ebenfalls bekannt waren ihm die Gedichte des Poeten Daqiqi, der jene historischen Berichte in Reime gefaßt hatte, jedoch ermordet wurde, nachdem ein paar tausend Verse vollendet waren.

Firdausi erzählte von den Taten sowohl legendärer früher Herrscher, die angeblich Hunderte von Jahren regiert hatten, als auch von Königen späterer Dynastien, über die noch genaue historische Aufzeichnungen vorhanden waren. Als er die Feder schließlich niederlegte, hatte er ein Epos von nahezu 50 000 Reimpaaren verfaßt und damit für alle künftigen Generationen ein unvergleichliches Panorama von Heldengeschichten geschaffen. Es sollte ein wichtiger Teil des kulturellen Vermächtnisses Persiens werden.

***Oben:* Siegel eines Königs der Sassaniden-Dynastie (224–651 n. Chr.), über deren berühmtesten Herrscher, Chosrau II. Parwis, das *Schahnameh* erzählt.**

***Gegenüber:* Die Ruinen einer Festung in Izad Khast in der Provinz Fars (Persis). Kriegerische Auseinandersetzungen sind ein wichtiges Thema in Firdausis *Schahnameh.* Die Kriege zwischen Persien und Turan gehören in die Welt des Mythos, aber die Geschichten über die Sassaniden-Könige im letzten Teil des Epos beruhen auf historischen Tatsachen.**

Der Prinz mit den weißen Haaren

Zal, der Königssohn, war ein kräftiger, gesunder Knabe – doch etwas an seinem Äußeren war so sonderbar, daß sein Vater ihn aussetzte. Simurgh jedoch, jener merkwürdige Vogel der persischen Mythologie, sorgte für das Überleben des Kindes. Denn ihm war Großes vorherbestimmt.

Auf dieser Illustration aus dem *Schahnameh* von Mohammed Juki (um 1440) gibt Simurgh, die mythische Vogelfrau, den weißhaarigen Knaben Zal seinem Vater zurück, dem König von Sabulistan. Wegen des seltsamen Aussehens Zals sah der König in dem Kind einen Dämon. Später aber sollte Zal den größten aller Helden Persiens zeugen: Rostam.

Sam war König des Reiches Sabulistan, des heutigen Sistan in Ostpersien, und einer der tapfersten tributpflichtigen Herrscher Manuschirs, des Königs der Könige aller Perser. Nah und fern rühmte man Sam als großen Krieger. Er besaß alles, was man sich wünschen konnte – mit Ausnahme eines Sohnes und Nachfolgers. Deshalb war er hocherfreut, als er erfuhr, daß seine Frau ein Kind erwartete. Doch als der langersehnte Tag der Geburt gekommen war, eilte niemand zu ihm, um ihm die frohe Kunde zu überbringen. Denn der Säugling hatte ein ungewöhnliches Aussehen: Sein Haar war so weiß wie das eines Greises.

Als eine alte Amme schließlich den Mut fand, den König behutsam zu unterrichten, bestätigten sich alle Befürchtungen seiner Gemahlin. Er nannte das Kind – das im übrigen gesund und kräftig war – ein Ungeheuer, eine Ausgeburt von Dämonen, und gab den Befehl, es in das unwegsame Elbursgebirge zu bringen und an den kahlen Hängen auszusetzen.

Also wurde der Säugling der prallen Sonne überlassen. Dornen bildeten seine Wiege, und der nackte Boden war sein Mutterschoß. Sein Weinen erregte die Aufmerksamkeit Simurghs, der mächtigen Vogelfrau der persischen Sagen, deren Horst sich auf dem höchsten Gipfel der Bergkette befand. Simurgh schwebte herab, ergriff das weinende Kind und trug es fort, um ihre Jungen damit zu füttern. Aber nicht nur, daß die kleinen Vögel nichts von dieser seltsamen neuen Nahrung wissen wollten – das Schreien des Säuglings rührte darüber hinaus das Herz Simurghs. So beschloß sie, den Menschensäugling gemeinsam mit ihren Jungen aufzuziehen, und fütterte ihn bald mit den leckersten Bissen, die sie ins Nest zurückbrachte.

Die Zeit verging, und das Kind wuchs zu einem stattlichen jungen Mann heran. Eines Tages zog eine Karawane durch das Gebirge. Die Kaufleute waren erstaunt, als sie einen Jüngling von athletischer Statur, aber mit hüftlangem weißem Haar ungestüm in den Bergen herumlaufen sahen. Die Kunde von diesem Wunder verbreitete sich in der ganzen Region und erreichte bald auch Sam in seinem Palast. Sofort war ihm klar, daß die seltsame Gestalt nur sein vor langer Zeit ausgesetzter eigener Sohn sein konnte.

Der alte König beschloß, sich unverzüglich auf die Suche nach ihm zu begeben. Als Simurgh – die magische Weisheit besaß und des Sprechens kundig war – sah, wie sich die königliche Gesellschaft ihren Weg durch die Ausläufer des Gebirges bahnte, erkannte sie sofort das Haupt dieser Gruppe. Simurgh flog zu ihrem Schützling und sagte ihm traurig Lebewohl, denn nun sei für ihn die Zeit gekommen, in die Welt der Menschen zurückzukehren. Sie werde ihn jedoch nie vergessen und immer zu ihm kommen, wenn sie gebraucht werde. Und Simurgh schenkte Zal eine Feder von ihrer Brust: Er solle sie verbrennen, wenn er Hilfe brauche. Dann hob der Vogel den Jüngling mit den Krallen empor, schwebte den Berghang hinab und legte ihn dem König zu Füßen.

Sam betrachtete den Jüngling und erkannte, daß dieser Weißhaarige sein Sohn war. Der König bereute seine frühere Grausamkeit bitterlich, und unter Tränen bat er ihn um Vergebung. Und er gab ihm den Namen Zal – ein Name, welcher dereinst Furcht und Schrecken in den Herzen aller Feinde Persiens erwecken sollte. Doch eines Tages sollte selbst der Name Zal verblassen neben dem seines Sohnes Rostam, des berühmtesten aller persischen Helden.

Triumph der Liebe

Zals Liebe zur Tochter des Königs von Kabul lieferte den Stoff für eine der leidenschaftlichsten Romanzen des „Schahnameh".

Rudabeh war so schön, wie Zal stattlich war, und schon vor ihrer ersten Begegnung hatten sich die beiden ineinander verliebt – sie hatten lediglich gehört, wie wunderbar der jeweils andere sein solle. Ein Treffen war aber nicht leicht zu verwirklichen. Rudabehs Vater Mehrab war König des Grenzstaates Kabul, und obwohl er die Oberhoheit des persischen Königs der Könige anerkannte, tat er dies eher widerwillig. Noch schlimmer war, daß er aus dem Geschlecht des schlangenschultrigen Sahak stammte, der von allen frühen Königen Persiens am meisten gehaßt wurde *(Seite 43)*.

Als Zal einst Kabul besuchte, nahm er daher die Gastfreundschaft des Königs nicht an, sondern schlug seine Zelte am anderen Ufer des Flusses gegenüber Mehrabs Hauptstadt auf. Rudabeh mußte in den Frauengemächern des Palastes bleiben – die höfische Etikette verbot, daß Zal ihr vorgestellt wurde.

Schließlich hatten fünf Hofdamen der Prinzessin eine Idee, wie sie Bewegung in die Sache bringen könnten. Sie gingen zum Flußufer hinunter und ließen sich gegenüber der königlichen Gesellschaft nieder – als ob sie sich ausruhen wollten. Zal, der seine Chance sah, ergriff seinen Bogen und schoß auf einen Vogel, der dicht neben den Hofdamen zu Boden stürzte. Der Prinz schickte daraufhin Diener aus, um die Beute zu holen. Gleichzeitig sollten sie die jungen Damen in ein Gespräch verwickeln. Bald sangen beide Gruppen Loblieder auf ihre Herrin und ihren Herrn. Zal nutzte die Gelegenheit und schickte der Prinzessin Edelsteine als Geschenk, und ein heimliches Stelldichein wurde arrangiert.

Es war Liebe auf den ersten Blick. Anfangs waren die Eltern gegen die Verbindung, doch alle Einwände wurden durch die stürmische Leidenschaft hinweggefegt. Und so feierten sie Hochzeit, und alle waren sich einig, daß kein schöneres Paar jemals den Thron geschmückt hatte.

Zal warb mit Edelsteinen um Rudabeh, noch bevor sie einander je gesehen hatten. Diese exquisite Goldbrosche mit Saphiren stammt aus dem 12. Jahrhundert.

Rostams Jugend

Kein Held kam Rostam, dem persischen Herakles, an Kraft und Mut gleich. Schon in der Kindheit wurde seine gewaltige Stärke offenbar, und als er erwachsen wurde, war sie unübertroffen. Seine Geburt aber war schwierig und stand unter einem schlechten Omen.

Zals Frau Rudabeh wurde immer schwächer, je näher der Tag ihrer Niederkunft rückte. Verzweifelt suchte Zal nach einem Heilmittel – da erinnerte er sich an Simurghs Feder, die er auf Geheiß des Vogels in Zeiten der Not verbrennen sollte. So geschah es, und umgehend eilte der Zaubervogel herbei.

Simurgh hörte aufmerksam zu, als Zal Rudabehs Krankheitssymptome aufzählte. Dann gab sie ihm einen weisen Rat: Er solle einen erfahrenen Arzt holen, „der den Körper der jungen Frau öffnet, ohne daß sie dabei Schmerzen empfindet, und das Löwenkind aus ihr herausholt" – mit anderen Worten, der Arzt sollte unter Narkose einen Kaiserschnitt vornehmen. Dann gab Simurgh Zal eine Salbe, die er auf die Wunde auftragen sollte, und eine Feder, mit der er über die Narbe streichen sollte. Dann verabschiedete sich Simurgh und flog zu ihrem Horst auf dem Berggipfel zurück.

Zal tat, wie ihm geheißen, und ein gesunder Knabe kam zur Welt. Die Eltern gaben ihm den Namen Rostam. Schon als Säugling war Rostam so kräftig, daß die Milch von zwanzig Ammen nötig war, damit er satt wurde. Er wuchs zu einem schönen und intelligenten Jüngling heran – und laut Firdausi war er so groß wie eine Zypresse.

Sein Mut war bald legendär. Nachdem er einst nach einem abendlichen Trinkgelage zu Bett gegangen war, wurde er durch tumultartigen Lärm im Palast geweckt. Er eilte nach draußen und erfuhr, daß der weiße Elefant seines Vater einen Tobsuchtsanfall hatte. Sofort war Rostam wieder nüchtern, packte eine Keule und lief hinter dem Tier her, wobei er jeden zur Seite stieß, der ihn aufzuhalten versuchte. Als der Elefant ihn erblickte, griff er ihn an, aber Rostam hielt stand. Wie ein Löwe brüllend, schwang er seine Keule und schmetterte sie mit solcher Kraft gegen den Kopf des Tieres, daß es tot umfiel.

Zu jener Zeit brauchte Persien einen tapferen Kämpfer, denn der alte Streit mit Turan im Nordosten hatte sich wieder verschärft. Als Manuschir, Persiens König der Könige, starb, war es das Ziel Perschengs, des Königs von Turan, den persischen Thron zu erobern. Er übertrug diese Aufgabe seinem Sohn, dem hinterlistigen Afrasiab, den das Schicksal zu Rostams ärgstem Feind bestimmt hatte. Aber die Perser gaben

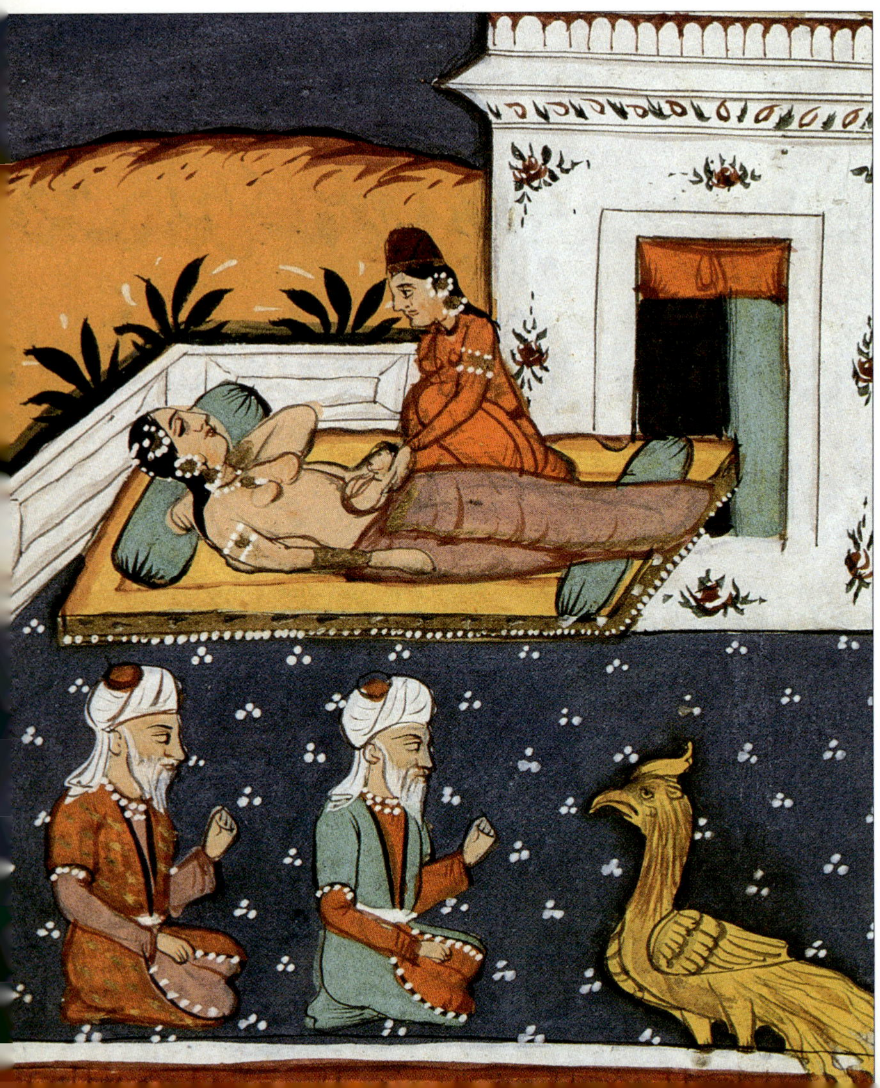

Während Zals hochschwangere Gemahlin Rudabeh von ihrer Mutter getröstet wird, rät der Zaubervogel Simurgh Zal und Mehrab, einen Kaiserschnitt vorzunehmen. Die Illustration entstammt einer Ausgabe des *Schahnameh* aus Kaschmir (18. Jahrhundert).

Wie Rostam sein Streitroß fand

Rachsch war ein einzigartiges Streitroß, wie geschaffen für einen Helden. Eine wahre Schicksalsgemeinschaft verband die beiden. Gemeinsam überstanden sie viele gefährliche Abenteuer, und gemeinsam sollten sie durch Verrat den Tod finden.

Als Rostam beschloß, Krieger zu werden, suchte er nach einem Pferd, das kräftig genug war, um sein gewaltiges Gewicht zu tragen, und tapfer genug, um jeder Gefahr zu trotzen. Die erste Eigenschaft konnte er leicht überprüfen: Er drückte mit der Hand auf den Rücken des Tieres und wartete, ob es standhielt. Obwohl Rostam ganz Persien absuchte – kein Pferd bestand die Prüfung.

In Turan fand er schließlich, wonach er suchte. Er sah eine ungewöhnlich große braune Stute mit einem zweijährigen Fohlen, dessen Fell braun und rot gefleckt war. Das Fohlen gefiel ihm, doch als er einem Pferdehändler sein Interesse bekundete, riet ihm dieser, sich nicht zu sehr für das Reittier eines anderen Mannes zu begeistern. Auf die Frage, wer der Besitzer sei, erhielt Rostam die Antwort, niemand wisse es, doch werde das Pferd seit eh und je „Rostams Rachsch" genannt.

Da erkannte der Held, daß er das Roß gefunden hatte, das ihm vorherbestimmt war. Dann drückte er auf den Pferderücken, und dieser erwies sich als hart wie Stahl. Und als der Händler erfuhr, daß Rostam selbst vor ihm stand, wollte er kein Geld annehmen und meinte nur, sein einziger Wunsch sei, Pferd und Reiter mögen der Welt Gerechtigkeit bringen.

Der Pferdekopf aus purem Gold wurde zur Zeit der Achämeniden-Dynastie (6.–5. Jahrhundert v. Chr.) geschmiedet.

ihr Bestes, und Rostam bewies seine Stärke im Kampf. Sowohl mit Keule und Bogen als auch mit Schwert und Lanze übertraf er alle anderen Krieger.

Dann jedoch erlitten die Perser einen unvorhergesehenen Rückschlag. Im Amt des Königs der Könige folgten Manuschir mehrere Herrscher, die alle früh verstarben, bis schließlich der tollkühne und unbesonnene Kaj Kavus den Thron bestieg.

Die Schwierigkeiten begannen, als Berichte über die Reichtümer der entlegenen Provinz Manzandaran in den Bergen südlich des Kaspischen Meeres zu Kaj Kavus drangen. Unverzüglich beschloß er, vom dortigen König jährliche Tributzahlungen zu fordern. Die Nachricht, seine Gesandten seien abgewiesen worden, machte ihn so zornig, daß er den übereilten Beschluß faßte, das Land anzugreifen. Hätte er sich mehr Zeit genommen, dann hätte er erfahren, daß der Herrscher von Manzandaran ein böser Geist war, der unter dem Schutz des Weißen Dämons stand, eines besonders fürchterlichen *div*.

Durch den Schadenszauber des Dämons wurden Kaj Kavus und seine Männer schon bald verhext. Zuerst griff ein übernatürlicher Sturm sie an, der viele der besten Krieger buchstäblich hinwegblies, und danach legte sich ein dichter Nebel über sie, der ihnen das Augenlicht nahm, so daß sie blind über die Ebene außerhalb der Stadt irrten.

Vor der endgültigen Niederlage hatte Kaj Kavus einen Boten mit einer Mitteilung über seine mißliche Lage an Zal geschickt. Als Rostam hörte, daß der König der Könige in Gefahr sei, beharrte er darauf, ihm sofort persönlich zu Hilfe zu eilen. Er wollte den kürzesten Weg nach Manzandaran nehmen, obwohl sein Vater ihm besorgt davon abriet, denn er führte durch eine unbekannte und gefährliche Wüste.

Die Schilderung der Reise wurde bald selbst zu einem Epos im Epos. Unterwegs mußte der Held sieben lebensgefährliche Abenteuer bestehen – welche an die zwölf Arbeiten erinnern, die der griechische Held Herakles zu erfüllen hatte. Als erstes wurde Rostam von einem Löwen bedroht, während er in einer Höhle schlief. Mit dieser Gefahr wurde sein Pferd Rachsch *(Kasten Seite 77)* spielend fertig: Es trampelte das wilde Tier nieder. Als der Held schließlich aufwachte, war der Löwe tot. Als nächstes mußten die beiden eine glühendheiße Wüste durchqueren, in der sie beinahe verdurstet wären, wenn sie nicht eine Oase gefunden hätten.

Die dritte Prüfung überraschte sie, als sie wieder in einer Höhle Schutz suchten. Denn darin wohnte

Kaj Kavus als Opfer seiner Eitelkeit

Wie schon so viele Könige vor ihm fiel auch König Kaj Kavus der List eines „div" zum Opfer. Schuld daran war seine Eitelkeit, und Firdausi erzählt die Geschichte nicht ohne Schadenfreude.

Eines Morgens kam der Dämon in Gestalt eines Höflings zum König und meinte schmeichlerisch, es sei nur logisch, wenn er, da er bereits die gesamte Erde regiere, seine Herrschaft auch auf den Himmel ausdehne. Der König begann zu grübeln, wie er die Wolken erklimmen und dort seinen Einfluß geltend machen könne.

Schließlich hatte er eine großartige Idee. Er ließ vier Adler an seinen Thron binden, auf dem er selbst festgeschnallt war, und über den Vögeln wurden an hohen Pfosten Hammelkeulen aufgehängt. Als die Adler mit den Flügeln schlugen, um das verlockend duftende Fleisch zu erhaschen, hoben sie den Thron in die Lüfte empor, so daß der König schon bald in großer Höhe über der Erde schwebte.

Aber die Kraft der Vögel war nicht unerschöpflich, und als sie allmählich nachließ, landete Kaj Kavus mit einem heftigen Aufprall wieder auf der Erde. Sein Flugversuch endete in einem Wald irgendwo in Westchina. Man brauchte ein kleines Heer unter Rostams Führung, um ihn zu finden und nach Persien zurückzubringen. Zumindest für kurze Zeit ging Kaj Kavus in sich und wurde etwas bescheidener.

ein Drache, der die Fähigkeit besaß, sich unsichtbar zu machen. Wieder war es Rachsch, der die Gefahr erkannte, während Rostam schlief. Aber jedesmal wenn das Pferd seinen Herrn warnte, verschwand der Drache wieder, so daß der Krieger glaubte, sein Roß habe lediglich schwache Nerven. Erst beim vierten Mal konnte er einen kurzen Blick auf das Ungeheuer werfen, und mit vereinten Kräften machten Pferd und Reiter kurzen Prozeß mit ihm.

Die nächste Herausforderung bestand in der Begegnung mit einer Hexe, die sich in ein hinreißendes Mädchen verwandelt hatte und Rostam mit einem köstlichen Mahl verführen wollte, das sie in einer Oase mitten in der Wüste angerichtet hatte. Als der Held jedoch zufällig den heiligen Namen der Gottheit Ohrmasd (Ahura Masda) erwähnte, wurde aus dem hübschen Mädchen wieder die häßliche Alte, und Rostam streckte sie mit einem einzigen Schwerthieb nieder.

Die folgende Kraftprobe war leichter zu bestehen: Rostam mußte sich gegen einige Dorfbewohner behaupten, die eher verschreckt als gefährlich waren. Mit erhobenem Schwert zwang er Aolad, den Vorsteher des Dorfes, ihn zur Höhle des Weißen Dämons zu führen. Auf dem Weg kamen sie durch Manzandaran, wo sie von dem noch immer blinden Kaj Kavus freudig empfangen wurden. Der König drängte Rostam zur Entscheidungsschlacht, denn der Weiße Dämon hatte damit geprahlt, daß Kaj und seine Männer das Augenlicht erst zurückerhalten würden, wenn sie sich mit dem Blut seines Herzens eingerieben hätten.

Es stellte sich heraus, daß der Dämon in einer Berghöhle hoch über der Stadt hauste, die von einem Heer niederer *div* bewacht wurde. Doch Aolad verriet ihnen, daß diese während der Mittagshitze stets für ein oder zwei Stunden schliefen, was es Rostam ermögliche, sein Ziel zu erreichen. Im Innern der Höhle fielen zwei Wächter über ihn her – die sechste Prüfung –, derer er sich jedoch mit Hilfe seines Schwertes rasch entledigen konnte.

Der Weiße Dämon wachte mit Gebrüll auf und stürzte sich auf den Eindringling. Obwohl es Rostam gelang, seinem Gegner mit zwei Schwerthieben eine Hand und einen Fuß abzuhacken, verlor der Widersacher kaum an Schrecken. Mit den Klauen packte er Rostam, zog ihn zu sich heran und versuchte, das

Diese Illustration aus einer Handschrift des *Schahnameh* (16. Jh.) zeigt, wie Rostam den Weißen Dämon von Manzandaran erschlägt. Das war die letzte der sieben Aufgaben, die Rostam zu lösen hatte, um sich als größter Held Persiens zu beweisen.

Leben aus ihm herauszupressen. Doch der Held leistete dem Dämon so lange Widerstand, bis dieser so viel Blut verloren hatte, daß sein Griff nachließ. Mit einer letzten Anstrengung gelang es Rostam, das Monster hochzuheben und auf den Boden zu schmettern, wo es tot liegenblieb.

Triumphierend kehrte Rostam in die Stadt zurück, aus welcher der *div,* der sie beherrscht hatte, inzwischen geflohen war. Dann übergab er Kaj Kavus das Herz des Weißen Dämons. Nur wenige Tropfen des Blutes reichten aus, um jedem Soldaten das Augenlicht wiederzugeben. Nachdem Kaj Kavus seinen Retter mit Lob überschüttet hatte, führte er das Heer in die Heimat zurück. Rostams Führer Aolad setzte er auf den Thron von Manzandaran, das jener viele Jahre lang weise im Namen Kajs regierte.

Sohrab und Rostam

Die Geschichte von dem verlorenen Sohn, der von seinem Vater nicht wiedererkannt und von ihm im Zweikampf getötet wird, gehört zu den berühmtesten Episoden des *Schahnameh.* Darüber hinaus ist sie die größte Tragödie der Rostam-Sage.

Eines Tages, als Rostam in feindlichem Gebiet jenseits der turanischen Grenze auf der Jagd war, stieß er auf eine Herde wilder Esel. Erfreut spannte er seinen gewaltigen Bogen und tötete viele der weidenden Tiere. Dann schürte er ein großes Feuer und richtete alles her, um sich die Beute schmecken zu lassen. Nachdem er das gebratene Fleisch verspeist hatte, legte er sich zur Ruhe, und während er schlief, erblickte eine vorüberziehende Gruppe turanischer Reiter zufällig Rachsch, Rostams prächtiges Pferd. Voller Bewunderung beschlossen sie, es zu stehlen. Das aber stellte sich als kein leichtes Unterfangen heraus, denn als sie sich dem argwöhnischen Tier näherten, schlug es nach ihnen aus und tötete drei Männer, die es mit einer Leine einfangen wollten. Doch schließlich überwältigten die Diebe Rachsch und nahmen das Roß mit in die Stadt Samangan.

Persische Schmuckschatulle aus dem 12. Jahrhundert. Bevor Rostam und seine Geliebte Tahmineh voneinander getrennt wurden, schenkte er ihr ein mit Edelsteinen besetztes Amulett. Sie sollte es, falls sie einen Sohn gebären würde, diesem als Andenken an seinen Vater geben. An dem Amulett sollte Rostam später seinen sterbenden Sohn erkennen.

Als Rostam aufwachte, war Rachsch fort, doch anhand der Hufabdrücke, die das Pferd hinterlassen hatte, konnte er sich zusammenreimen, was geschehen war. Grimmig folgte er zu Fuß den Spuren der Männer, die ihn beraubt hatten. In Samangan wurde er vom König begrüßt. Obwohl der König ein Vasall von Turan war, beeilte er sich doch, den ungehaltenen Kämpfer zu beschwichtigen, dessen Heimat seinen eigenen Grenzen so nahe lag. Mit honigsüßen Worten versicherte er dem verärgerten Besucher, daß Rachsch viel zu bekannt sei, als daß er lange verschollen bleiben könne. Einstweilen solle Rostam bei ihm im Palast wohnen, während sich seine Männer auf die Suche nach dem Pferd machten.

Besänftigt nahm Rostam das Angebot an. Nachdem er gut zu Abend gegessen hatte, ging er zu Bett, doch mitten in der Nacht fuhr er aus dem Schlaf: Vor ihm stand ein schönes Mädchen, das er noch nie gesehen hatte. Sie sagte, sie sei Tahmineh, die Tochter des Gastgebers, und habe sich schon vor langer Zeit in ihn verliebt – ohne ihn zu kennen, nur aufgrund des Rufes, der ihm vorauseilte. Nun, da sie ihn mit eigenen Augen gesehen habe, flehe sie ihn an, sie unverzüglich zur Gemahlin zu nehmen.

Von der Schönheit Tahminehs hingerissen, fragte der Held, wie ihr Vater wohl auf eine Heirat reagieren möge, und zu seiner Freude erfuhr er, daß dieser einer familiären Verbindung mit einem so edlen Krieger wohlwollend gegenüberstehe. Also rief man einen Priester herbei, und das Paar wurde an Ort und Stelle getraut. Bevor die Nacht vorüber war, hatten sie die Ehe vollzogen.

Am Morgen hatte man Rachsch gefunden. Rostam beschloß, nach Hause zu reiten, und versprach Tahmineh, sobald wie möglich zurückzukehren. Dabei wußte er, daß wegen der politischen Unstimmigkeiten zwischen den beiden Völkern eine lange Zeit verstreichen mochte. Er schenkte seiner Gemahlin ein mit Edelsteinen besetztes Amulett und bat sie, wenn sie einen Sohn gebäre, es dem Knaben als Andenken an seinen Vater zu geben.

Zwei ebenbürtige Krieger

Nach neun Monaten gebar Tahmineh tatsächlich einen Sohn und gab ihm den Namen Sohrab. Als er herangewachsen war, stand er seinem Vater an Kraft, Mut und Tugend in nichts nach. Viele Jahre lang hielt seine Mutter dessen Namen vor ihm geheim, aber schließlich war seine Neugierde so groß, daß sie ihm verriet, sein Vater sei Rostam. Von da an verbrachte der Jüngling viel Zeit damit, von seinem Vater zu träumen, und dachte fast nur noch daran, wie er den Leistungen des großen Kriegers gleichkommen und einen Ruf erwerben könne, auf den Rostam stolz sein werde.

Um dieses Ziel zu erreichen, überredete er seinen Großvater, den König von Samangan, ihm zu gestatten, ein Heer zusammenzustellen und mit diesem in Persien einzudringen. Schon bald machte er sich einen Namen als großer Krieger. Die Kunde von diesem neuen Kämpfer drang auch zu Rostam, und ihm kam der Gedanke, daß jener Jüngling sein Sohn sein könnte, den er niemals gesehen hatte. Doch tat er diese Möglichkeit wieder ab und redete sich ein, daß kein Jüngling in Sohrabs Alter ein so erfolgreicher Krieger sein könne.

Auch Afrasiab, der Prinz von Turan, hörte von Sohrabs Erfolgen. Außerdem erfuhr er, daß der Jüngling Rostams Sohn war – und daß die beiden einander noch niemals begegnet waren. Langsam begann ein Plan in seinen Gedanken Gestalt anzunehmen – Afrasiab überlegte, wie die beiden Krieger in einen Kampf gegeneinander verwickelt werden könnten. Grenzstreitigkeiten wurden häufig im Zweikampf ausgetragen, und Sohrab und Rostam galten darin als große Meister. Die Verwirklichung dieses Plans setzte jedoch voraus, daß die beiden einander nicht erkannten.

Da Sohrabs Großvater ein Vasall Turans war, unterstand das Heer Sohrabs Afrasiab. Jener ließ den jungen Mann von seinen eigenen Kriegern begleiten und gab ihnen den strikten Befehl, ihm Rostams wahre Identität nicht zu enthüllen, falls die beiden Heere aufeinandertreffen sollten.

Eines Tages war es soweit. Die Dinge standen schlecht für Persien, und deshalb wurde Rostam gebeten, die königlichen Truppen in die Schlacht zu führen. Als die beiden Heere einander gegenüberstanden, fragte sich Sohrab, ob sein Vater wohl unter den feindlichen Reihen sei. Der persische Gefangene jedoch, den er danach fragte, war über die Kraft Sohrabs, der ihn überwältigt hatte, so erschrocken, daß er log – denn er fürchtete, Sohrab werde Rostam herausfordern und besiegen, was für die Moral der persischen Soldaten verheerende Folgen gehabt hätte.

Als die beiden Krieger einander schließlich erspähten, sah jeder im anderen nur den Widersacher anstelle eines möglichen Verwandten. Rostam forderte den Jüngeren zum Kampf heraus, und Sohrab nahm an. Nachdem sich die beiden auf neutralen Boden begeben hatten, musterten sie einander mit Respekt. Doch als sie schließlich begannen, Worte auszutauschen, geschah das mit dem üblichen Spott zweier Krieger vor dem Kampf. Sohrab ließ den älteren Mann wissen, daß er trotz seines zweifellos kräftigen Körpers das Kampfalter doch wohl bereits überschritten habe; er solle doch friedlich seines Weges ziehen. Als Antwort brüstete sich Rostam mit seinen früheren Siegen und meinte, er habe keineswegs das Verlangen, einen Jüngling zu töten.

Sohrab begann, das Verhalten des Älteren zu bewundern. Sein Auftreten war so sicher, seine Sprache so gewandt – der gegnerische Krieger mußte sein ersehnter Va-

Ein persischer Helm mit Nasenschutz aus dem 17. Jahrhundert. Das Muster zeigt die Rituale, die einen Kampf begleiteten. Nur Wohlhabende konnten sich eine gute Rüstung leisten, und Entscheidungen wurden häufig im Zweikampf herbeigeführt *(Kasten Seite 97)*. Vieles war jedoch nur Schau, und die prahlerischen Worte, die Sohrab und Rostam vor ihrem Kampf austauschten, waren für solche Auseinandersetzungen typisch.

ter sein! Und da er seine Erregung nicht zügeln konnte, fragte er ihn geradeheraus, ob er Rostam sei.

Doch nun führte die Verschlagenheit, die Rostam in früheren Kämpfen stets nützlich gewesen war, den Helden auf einen falschen Weg. Er nahm an, daß der junge Fremde später nur damit prahlen wollte, er habe dem großen Helden auf dem Schlachtfeld Auge in Auge gegenübergestanden. Und so verleugnete Rostam seinen Namen. Sein Gesicht verdunkelte sich: Nun seien der Worte genug gewechselt, er werde ihm zeigen, wer er sei, aber mit Hieben, nicht mit Namen.

Die Worte des persischen Kriegers machten Sohrabs Hoffnungen mit einem Schlag zunichte. Seine Gedanken konzentrierten sich nun auf den Kampf – und so kamen Vater und Sohn nicht in Liebe und Ehrfurcht zusammen, sondern im Krieg. Sie stritten mit Lanzen und dann mit Schwertern, Stangen und Bogen. Sie kämpften den ganzen Tag, hielten bei Einbruch der Dunkelheit inne und standen einander im Morgengrauen wieder gegenüber. Sohrab drängte seinen Gegner, sein Schwert niederzulegen, doch erneut forderte ihn Rostam zum Kampf.

Der Gefährte des Kriegers

Die Fürsten Persiens kannten keinen kostbareren Schatz als das Roß, das sie in die Schlacht trug. Es war Kriegskamerad und Transportmittel zugleich – wie schon in den Zeiten, als arische Nomaden in die Region geritten kamen, um dem Lauf der persischen Geschichte eine neue Wendung zu geben.

In den trockenen, staubigen Ebenen Persiens wurde nichts so hoch geschätzt wie ein kräftiges, zuverlässiges Reittier. Im *Schahnameh* nehmen Pferde deshalb eine Sonderstellung ein.

Die Tragödie von Sohrab und Rostam beginnt mit dem Raub von Rachsch, Rostams Streitroß, und als Sohrab sich für das Kriegshandwerk entscheidet, besteht seine größte Sorge darin, ein Roß zu finden, das der Triumphe, die er sich erträumt, würdig sei.

In dieser Hinsicht gaben die Geschichten und Legenden die Wirklichkeit wieder, denn die militärische Überlegenheit der Arier, die im 2. Jahrtausend v. Chr. Persien und Indien eroberten, beruhte im wesentlichen auf dem Einsatz von Streitwagen, vor welche Pferde gespannt waren.

Auch in den Ritualen der Arier hatten Pferde eine große Bedeutung. So galten Pferde in früher Zeit als heiligstes Opfer. Ein auserwählter Hengst durfte ein Jahr lang frei umherlaufen, bevor er rituell geschlachtet wurde.

Auf dieser Goldplatte ist eine Pferdefigur verewigt. Sie gehört zum Oxusschatz, benannt nach dem Fundort, dem Fluß Oxus. Das Artefakt stammt aus dem 5.–4. Jahrhundert v. Chr.

Am folgenden Tag rangen sie miteinander, und nach einer Weile gewann Sohrab die Oberhand. Er zwang den Älteren zu Boden und zog seinen Dolch, um ihm den Todesstoß zu versetzen. Doch Rostam war längst noch nicht am Ende: Er gebot Sohrab Einhalt, denn, so sagte er listig, es sei persischer Brauch, daß ein Ringer zweimal zu Boden geworfen werden müsse, bevor er ehrenhaft getötet werden könne. Also ließ Sohrab seine Hand sinken und gewährte seinem Gegner sogar eine Atempause.

In dieser kurzen Pause betete Rostam, und vielleicht wurden seine Gebete erhört, denn er kehrte stärker denn je zurück. Nun konnte selbst Sohrab nicht standhalten, und mit Kraft und Tücke zwang Rostam ihn zu Boden. Dann zog er seinen Dolch und stieß ihn dem Jüngeren ungerührt in die Brust.

Sohrab wußte, daß es um ihn geschehen war. Damit sein Feind aber nicht zu sehr triumphieren möge, warnte er ihn davor, über den Sieg zu frohlocken. Sein Tod werde gerächt werden, sagte er – und wenn sein Gegner sich in einen Fisch im Wasser verwandele, in die Dunkelheit inmitten der Nacht oder in einen Stern am Himmel. Sein Vater werde den Mörder finden – sein Vater, der große persische Held Rostam.

Als der alte Krieger diesen Namen hörte, versank die Welt in Dunkelheit. Verzweifelt fragte er nach einem Beweis für die Behauptung des sterbenden Jünglings. Da sah er das Amulett, das er Tahmineh vor vielen Jahren geschenkt hatte.

Doch die Tat war geschehen, das Ende unausweichlich. Rostam sank auf die Knie und versuchte, das Blut, das aus der Wunde seines Sohnes strömte, mit seinen Händen zu stillen. Dann bettete er das Haupt des Jünglings in seinen Schoß und hörte ihm zu, wie er von den Träumen sprach, die er nun nicht mehr verwirklichen, und den Taten, die er niemals vollbringen würde. Bewegungslos verharrte er viele Stunden, bis die Sterne am Nachthimmel erschienen.

Schließlich kamen Abgesandte, um Rostam zu holen. Er nahm sie gar nicht wahr. Erst als einer ihm voll Hoffnung von einer Heilsalbe erzählte, die seinen Sohn vielleicht retten könnte, erhob er sich und rief nach Rachsch, der nicht weit entfernt geduldig in der dunklen Ebene gewartet hatte und den Schmerz seines Herrn spürte.

Der sterbende Sohrab zeigt Rostam das Amulett, das jener einst Sohrabs Mutter Tahmineh schenkte – einen Armreif. Mit gebrochenem Herzen erkennt Rostam, daß er seinem eigenen Sohn den Todesstoß versetzt hat. Diese Illustration ist einer Handschrift des *Schahnameh* aus Isfahan entnommen.

Aber es sollte kein glückliches Ende geben. Kaum hatte sich der alte Krieger in den Sattel geschwungen, als er einen der Männer, die an der Seite seines Sohnes wachten, aufschreien hörte. Benommen stieg Rostam wieder ab. Für das, was er instinktiv wußte, brauchte er keine Bestätigung mehr. Sohrab, sein einziger Sohn, war tot.

Der Prinz im Unglück

Siavosch schien mit allen guten Gaben des Schicksals gesegnet. Und da der Lehrer, der ihn in der Kunst des Kämpfens und Jagens unterrichtete, kein anderer als der edle Rostam war, schien ihm ein ruhmreiches Leben sicher. Doch es sollte anders kommen.

Eines Tages waren die persischen Heerführer Tus und Gudars gemeinsam mit Gudars' Sohn Giv in der Nähe der turanischen Grenze auf der Jagd, als sie etwas Unerwartetes erblickten: ein schönes Mädchen, das allein durch den tiefen Wald irrte. Auf die Frage der beiden Männer, was sie dort mache, erwiderte sie, sie sei vor ihrem Vater davongelaufen, der sie geschlagen habe. Unterwegs sei sie von Räubern überfallen worden, die ihr das Pferd und alle Habe gestohlen hätten – und sie sei eine Adlige, die vom persischen und vom turanischen Königsgeschlecht abstamme.

Die Jäger waren von der Schönheit des Mädchens hingerissen, und schon bald stritten sich Tus und Giv darüber, wer von ihnen das Recht habe, sie für sich zu beanspruchen. Um den Streit zu beenden, schlug einer der anderen Jäger vor, das Mädchen zu König Kaj Kavus zu bringen. Das taten sie. Die Lösung des Problems bestand nun darin, daß das Mädchen sich frei für einen der Männer entscheiden sollte. Sie wählte König Kaj Kavus selbst, und dieser war bezaubert. Hocherfreut nahm er sie in seinen großen königlichen Harem auf.

Ein wunderbarer Jüngling

Nach geraumer Zeit gebar sie Kaj Kavus einen Sohn, dem das Paar den Namen Siavosch gab. Sie beschlossen, ihn von Rostam erziehen zu lassen, denn sie kannten niemanden, der geeigneter dafür gewesen wäre. Siavosch lernte die Kunst des Reitens, des Bogenschießens und der Falknerei sowie das Jagen mit einem Gepard. Er befaßte sich auch mit Rhetorik und Kriegführung und lernte, wie man sich bei Banketten und Feierlichkeiten benimmt.

Schließlich war Siavosch bereit für die Rückkehr an den Hof. Dort erweckte er die Aufmerksamkeit der Hauptfrau des Königs, Sudabeh. Diese entflammte in Verlangen nach ihm, doch als sie dem Prinzen ihre Liebe gestand, wies er sie zurück. Sudabehs Rache war fürchterlich: Sie erzählte Kaj Kavus, Siavosch habe versucht, ihr Gewalt anzutun.

Siavosch stritt alles ab. Angesichts der zwei widersprüchlichen Geschichten, die seine Lieblingsfrau und sein Sohn ihm erzählt hatten, wußte der König nicht, wem er glauben sollte. Schließlich kam er zu dem Schluß, daß es nur einen Weg gebe, die Wahrheit herauszufinden: Sudabeh oder Siavosch sollte sich einem Gottesurteil, der Feuerprobe, unterziehen. Die Königin lehnte es rundweg ab, sich der Prüfung zu stellen, aber Siavosch willigte ein.

Dem alten Ritual entsprechend, ließ der König zwei gewaltige Reisighaufen aufschichten und anzünden. In weißem Gewand und mit einer Goldkrone auf dem Haupt ritt der Prinz auf Flammen zu. Während er leise ein Gebet sprach, trieb er sein schwarzes Roß zwischen den beiden Feuerbänken in die Lohe hinein.

Tiefes Schweigen herrschte unter den Versammelten. Dann erscholl ein lauter Ruf von der anderen Seite der Reisighaufen: „Der Prinz lebt!“ Als die weiße Gestalt unversehrt und stolz aus dem Rauch hervortrat, wiederholten unzählige Stimmen den Ruf. Siavosch hatte die Prüfung glänzend bestanden.

Nun zweifelte Kaj Kavus nicht länger an der Unschuld seines Sohnes. Zuerst dachte er daran, Sudabeh für ihre Lüge hinrichten zu lassen. Siavosch aber bat edelmütig um ihr Leben, und so durfte sie einsam und allein in den Frauengemächern des Palastes bleiben.

Afrasiabs Alptraum

In der Zwischenzeit erreichte die Nachricht den Hof, daß der alte Feind Persiens, Afrasiab von Turan, die Grenzen des Landes erneut bedrohte. Der König wandte sich an Siavosch, der sich bereit erklärte, das persische Heer zu befehligen, und Rostam an seine Seite berief.

Wie sich zeigte, stand diese Entscheidung unter einem guten Vorzeichen, denn nur kurze

Jäger und Krieger mußten im Bogenschießen und in der Reitkunst gleichermaßen tüchtig sein, wie dieser Bucheinband aus dem 15. Jahrhundert zeigt. Siavosch jedoch nützte die Beherrschung dieser Künste nur wenig, denn er wurde allein vom Schicksal besiegt.

Die Könige des *Schahnameh*

Das „Schahnameh" erzählt die Geschichten zahlreicher Könige. Manche jener Herrscher haben wirklich gelebt, und ihre Taten sind historisch dokumentiert. Andere sind Gestalten der Legende.

Firdausis grundlegende Quelle scheint eine Liste historischer Könige gewesen zu sein, doch enthält sein Werk auch Überlieferungen legendärer Art. Die meisten Könige in den Anfangsteilen des Werkes, die wir auch schon aus dem *Awesta* kennen, haben kaum etwas mit den Achämeniden zu tun, die Persien in seiner ersten ruhmreichen Epoche tatsächlich regierten. Ihre Geschichte vermischt sich mit den Sagen über die Könige von Sistan – Sam, Zal und Rostam.

Man nimmt heute an, daß die Grundlage für diese Geschichten die Großtaten der Arsakiden bildeten, der Parther-Dynastie, die etwa zu Beginn der christlichen Zeitrechnung herrschte – eine Epoche, von der Firdausi angeblich nur wenig wußte. Der einzige Abschnitt seines Buches, der sich direkt auf bekannte historische Aufzeichnungen bezieht, ist der letzte Teil: Er ist nahezu ein Tatsachenbericht über die Herrschaft der Sassaniden, die in Persien von 224 n. Chr. bis zur arabischen Eroberung im Jahre 651 an der Macht waren.

Auf dem Teppich aus Kirman (19. Jh.) sind Perserkönige von Kajumars bis zu den Sassaniden abgebildet. Hinter ihnen ist ein Tempel zu sehen, dessen Architektur griechisch anmutet.

Zeit später quälte Afrasiab ein schrecklicher Alptraum. Er träumte von einer Wüste, auf der sich Schlangen wanden. Während er ihnen zuschaute, erhob sich am Horizont ein Sandsturm, der immer näher kam. Als er Afrasiab fast erreicht hatte, erkannte dieser, daß der Sand von feindlichen Reitern aufgewirbelt wurde, von denen jeder eine Lanze mit einem Schädel auf der Spitze trug. Der König von Turan war unfähig zu fliehen, und so brachten ihn die Krieger als Gefangenen an Kaj Kavus' Hof, wo ein Jüngling – Siavosch, wie ihm später klarwurde – vortrat und ihn mit einem gewaltigen Krummsäbel in zwei Hälften spalten wollte. Während die Klinge durch die Luft sauste, wachte Afrasiab schreiend auf.

Schnell holte man Weise herbei, die bestätigten, daß der Traum eine schreckliche Niederlage durch die Perser prophezeie. Ihre Vorhersage reichte aus, um Afrasiab um Frieden bitten zu lassen. In Verhandlungen erklärte er sich bereit, das Land zurückzugeben, das er besetzt hielt. Als Beweis seines guten Willens schickte er Siavosch Geschenke und übergab ihm mehr als hundert seiner besten Krieger als Geiseln.

Siavosch war mit dem Sieg zufrieden und hoffte, sein Vater werde ebenso erfreut sein. Doch als Rostam dem König die Nachricht von der Waffenruhe überbrachte, war dieser außer sich: Er wollte den König von Turan vernichten! Deshalb befahl er, alle Geschenke zu verbrennen und die Geiseln zu enthaupten.

Rostam war entsetzt, denn Siavosch persönlich hatte sich für die Sicherheit der Krieger verbürgt. Er sagte Kaj Kavus klar und deutlich, was er dachte, doch wurde er des Hofes verwiesen. Inzwischen war ein Bote entsandt worden, der den in Ungnade gefallenen Prinzen zurückholen sollte. Zum Befehlshaber des Heeres ernannte Kaj Kavus nun Tus.

Als Siavosch von dieser Entwicklung erfuhr, war er verzweifelt. Die ganze Zeit hatte er geglaubt, der Verlauf der Ereignisse sei ein Glücksfall, und nun fand er sich plötzlich in einer mißlichen Lage wieder. Seine Absetzung als Befehlshaber war schlimm genug, aber der Gedanke, daß die turanischen Geiseln trotz seines Versprechens getötet würden, beunruhigte ihn noch mehr. In seiner Qual faßte er einen Entschluß: Er würde zu den Turanern überlaufen und sich dem Feind auf Gnade und Ungnade ausliefern.

Keine Nachricht hätte Afrasiab größere Freude bereiten können. Er befahl, den Abtrünnigen wie einen Helden zu begrüßen. Die Begeisterung des Königs steigerte sich noch, als er erfuhr, daß der Aufruhr, den Siavoschs Flucht hervorgerufen hatte, und Rostams Verlassen des Hofes den wankelmütigen Kaj Kavus gezwungen hatten, seine Meinung erneut zu ändern und die Beendigung aller Feindseligkeiten anzuordnen.

Hofbeamter in Turan

Die Zeit verging, und Siavosch begann ein neues Leben am turanischen Königshof. Anfangs war Afrasiab ihm wohlgesinnt. Er gab ihm seine Tochter Farangis zur Frau und ernannte ihn zum Statthalter der Provinz Chotan. Alles schien sich für Siavosch doch noch zum Guten zu wenden.

Aber er hatte in seiner neuen Heimat auch Feinde, und schon bald begannen sich diese gegen ihn zu verschwören. Angeführt wurden sie von Afrasiabs Bruder Garsivas, der seine eigene Position am Hof durch das Ansehen bedroht sah, das der neue Günstling des Königs genoß. Also machte er sich daran, Siavosch beim König zu verleumden, indem er diesem zu verstehen gab, der Prinz sei ihm gegenüber nicht loyal und plane ein Komplott, um erneut zum Feind überzulaufen und Chotan dem persischen Reich einzuverleiben.

Anfangs weigerte sich Afrasiab noch, Garsivas zu glauben, doch dann stiegen Zweifel in ihm auf. Er ließ Siavosch zu sich kommen, um ihn zu befragen. Garsivas seinerseits spielte nun ein doppeltes Spiel: Er sagte dem Prinzen, der König sei ihm übel gesinnt und sein Leben in Gefahr, wenn er dem Befehl gehorche. Siavosch zögerte, und das reichte aus, um Afrasiab von der Wahrheit der Anschuldigungen seines Bruders zu überzeugen.

Schicksal ohne Gerechtigkeit

Das Schicksal hatte sich erneut gegen Siavosch gewandt, und wieder war es nicht sein Verschulden. Aber diesmal sollte der Weg in den Untergang unumkehrbar sein. Auf den Rat seiner Frau hin beschloß er, nach Persien zu fliehen. Die Kunde von seiner Flucht verbreitete sich rasch, und schon bald holten ihn die Verfolger ein. Es war nicht schwierig, ihn zu ergreifen und als Gefangenen zum Palast zurückzuschleppen. In jener Nacht wurde Siavosch von einem Spießgesellen Garsivas' ermordet: Dieser schlug ihm den Kopf ab, während er gefesselt und wehrlos dalag. Siavoschs Blut fing der Mann in einer Schale auf.

So endete Siavoschs Leben, das so verheißungsvoll und glücklich begonnen hatte, elend, tragisch, mit Verrat und Blutvergießen. Er, der stets bestrebt gewesen war, das Ehrenhafte und Gute zu tun, war zum Opfer eines gnadenlosen Geschicks geworden.

Noch nach dem Tod wurde Siavosch gedemütigt, als sein Mörder – ein Spießgeselle des Garsivas – das Blut des Toten in einer Schale auffing. Diese Silberschale, in die das Bild eines Pferdes mit Reiter eingraviert ist, stammt aus dem 8. Jahrhundert n. Chr.

Rostams Kampf gegen Akvan

Nicht alle Gegner Rostams waren Menschen. Er kämpfte auch gegen *div,* böse Dämonen, von denen keiner so schrecklich war wie Akvan: Er, der die Gestalt eines Tieres annehmen und sich unsichtbar machen konnte, gehörte zu Rostams gefährlichsten Feinden.

Eines Tages kam ein Hirte zum König der Könige und beklagte sich, seine Pferde würden von einem großen, kräftigen Esel belästigt. Als der König erfuhr, daß die Tiere in der Nähe einer Quelle weideten, wo seit langer Zeit ein besonders grausamer *div* namens Akvan hausen sollte, schloß er daraus, daß der Angreifer nur dieser Dämon sein konnte.

Der König hielt Rostam für den einzigen Mann, der fähig wäre, gegen den Dämon zu kämpfen. Der Held erklärte sich einverstanden und brach umgehend zu der Quelle auf. Drei Tage lang wartete er auf den Esel und hatte schon fast die Hoffnung aufgegeben, als er ihn plötzlich über die Ebene galoppieren sah. Er war wirklich ein ungeheuer großes Tier. Rostams erster Gedanke war, es mit einer Leine einzufangen und lebend zum König zu bringen. Aber in dem Augenblick, als er den Strick warf, verschwand der Esel vor seinen Augen und tauchte kurz darauf weiter entfernt wieder auf.

Diese Merkwürdigkeit reichte aus, um Rostam zu überzeugen, daß er es tatsächlich mit Akvan zu tun hatte, gegen den nur extreme Maßnahmen etwas nützten. Also gab er den Gedanken auf, das Tier lebend einzufangen, und griff statt dessen nach Pfeil und Bogen. Doch als er den Pfeil abschießen wollte, entschwand der Esel erneut seinem Blick und erschien wenige Sekunden später an anderer Stelle wieder. Nun zog der Held sein Schwert und stürmte auf den Esel los, aber dieser floh, und sobald Rostam ihm zu nahe kam, wurde er unsichtbar.

Einen Tag und eine Nacht lang jagte Rostam das Tier, bis er sich vor Müdigkeit kaum noch auf den Beinen halten konnte. An einer Quelle stieg er von seinem Pferd, legte sich hin und war sofort eingeschlafen.

Als Akvan seinen Feind so daliegen sah, nutzte er die Gelegenheit und ging zum Angriff über. Er verwandelte sich in einen Wirbelwind, wehte auf Rostam zu, wirbelte um ihn herum

Der Dämon Akvan trägt den schlafenden Rostam davon, bevor er ihn ins Meer wirft (Illustration aus einer Ausgabe des *Schahnameh,* 16. Jh.).

Hochragende Berge hinter einem See in der Nähe des Kaspischen Meeres im Norden des Iran. Als Rostam sich oben in den Lüften befand, hatte er nur eine einzige Überlebenschance: Wenn er ins Wasser fiele, könnte er sich schwimmend ans Ufer retten.

und blies das Erdreich unter dem schlafenden Krieger fort. Dann sog er ihn hoch in die Luft hinauf. Als Rostam aufwachte, fand er sich inmitten der Wolken wieder und blickte auf das Land weit unten hinab.

Der Dämon, entzückt von der mißlichen Lage seines Gegners, ließ ihm großzügig die Wahl: Er könne ihn entweder auf die Berge werfen, wo seine Knochen durch den Aufprall zerschellen würden, oder in den Ozean, wo er ertrinken würde. Schnell dachte Rostam nach. Er wußte, daß er im Wasser zumindest eine geringe Überlebenschance hätte, aber er wußte auch, daß die *div* gewöhnlich genau das Gegenteil von dem taten, was ihre Opfer wünschten. Deshalb sagte er, daß er lieber auf den Bergen stürbe, wo man wenigstens seine sterblichen Überreste einsammeln und diese ehrenvoll bestatten könne.

Tatsächlich bewegte sich Akvan Richtung Ozean und warf den Helden hinunter in die Wellen. Rostam sank auf den Meeresboden hinab, doch dann kämpfte er sich wieder an die Oberfläche, wobei seine Lungen fast barsten. Mit dem Schwert in der Hand, um die Haie zu vertreiben, schwamm er ans Ufer.

Akvan hatte Rostam weit von der Küste entfernt ins Meer geworfen. Dank seiner großen Kraftreserven erreichte er aber schließlich einen Sandstrand. Zwar fühlte er sich halbtot, doch hatte er seine Waffen noch bei sich. Nachdem er sich ausgeruht hatte, machte er sich auf den Weg zurück zu der Quelle, an der er Rachsch zurückgelassen hatte – sein treuer Gefährte jedoch war verschwunden. Nach einer Weile entdeckte er ihn in einer Pferdeherde, die Afrasiab von Turan gehörte, dem Feind Persiens. Voller Genugtuung holte er sich nicht nur sein eigenes Pferd zurück, sondern trieb auch alle anderen Reittiere davon, während die turanischen Hirten hilflos hinter ihnen herrannten.

Nachdem er die Verfolger abgeschüttelt hatte, gelangte Rostam erneut zu Akvans Quelle. Der *div* war so überrascht, den totgeglaubten Mann in Lebensgröße vor sich stehen zu sehen, daß er einen kurzen Augenblick vergaß, sich unsichtbar zu machen. Das genügte Rostam, um die Schlinge seines Seils über den Kopf des Dämons zu werfen und ihn an der Flucht zu hindern. Während Akvan versuchte, sich aus der Schlinge zu befreien, schlug Rostam ihm mit seiner Keule auf den Kopf. Das, was von seinem Schädel übrig war, schnitt er mit seinem Dolch ab und nahm die Trophäe mit zum Königshof zurück. Und alle Edlen Persiens staunten über die Kraft Rostams, dem selbst der stärkste *div* nichts anhaben konnte.

Die Kriege zwischen Persien und Turan

Siavoschs Tod führte zu einer Reihe von Kriegen zwischen Persien und Turan, in denen auf beiden Seiten Helden kämpften, die den Verlauf der Schlacht jeweils auf ihre Weise beeinflußten – nicht anders als bei Homers Griechen und Trojanern.

Obwohl Siavosch zu den Turanern übergelaufen war, wurde er nach seinem Tod zum großen Märtyrer der persischen Sagen. Seine Ermordung galt als endgültiger Beweis für die Falschheit von Turan – und alle persischen Helden gelobten, die Tat zu rächen.

Der erste, der das tat, war natürlich Rostam. Da er Kaj Kavus' Hauptfrau Sudabeh die eigentliche Schuld an der ganzen Sache gab, stürzte er in blinder Wut in die Frauengemächer des Palastes und schlug die Frau mit seinem Schwert nieder. Dann brach er mit einem Heer nach Turan auf, besiegte König Afrasiab im Zweikampf, schlug dessen Truppen in die Flucht und verwüstete das Land.

Unterdessen wuchs Siavoschs Sohn Kaj Chosrau in der turanischen Provinz Chotan, wo Siavosch Statthalter gewesen war, bei Hirten auf und entwickelte sich zu einem kräftigen, stattlichen Jüngling, der in jeder Hinsicht geeignet war, König zu werden.

Fernes Echo der historischen Wahrheit

Geschichten über die Kindheit Kyros' des Großen lassen vermuten, daß dieser historische König und bedeutendste Achämeniden-Herrscher als Vorbild für den fiktiven Kaj Chosrau diente, der im „Schahnameh" als einer der mächtigsten Herrscher Persiens dargestellt wird.

Kyros II., der im 6. Jahrhundert v. Chr. lebte, war einer der größten Herrscher der Antike *(Seite 13)*. Der Gründer der Dynastie der Achämeniden und des ersten Perserreiches kam an die Macht, nachdem er Astyages, den König der Meder, im Zweikampf besiegt hatte. Nach seinem Tod erreichten die Erzählungen über seine Geburt und Kindheit den Geschichtsschreiber Herodot, der sie für die Nachwelt niederschrieb.

Herodot zufolge war Astyages Kyros' Großvater. Einst träumte ihm, daß seine Tochter Mandane einen Sohn gebären werde, der ihm eines Tages den Thron rauben werde. Deshalb nahm er ihr den Säugling sofort nach der Geburt fort und gab ihm einem Edelmann namens Harpagos, mit dem strikten Befehl, ihn zu töten. Harpagos ließ den Knaben jedoch bei einem Hirten zurück, der ihn in der Sicherheit der Berge als sein eigenes Kind aufzog.

Als Astyages herausfand, daß Harpagos ihm nicht gehorcht hatte, nahm er grausame Rache. Heimlich ließ er den Sohn des Edelmannes töten und servierte ihn dem nichtsahnenden Vater auf einem Hofbankett. Erst als zum Abschluß des Mahls der Deckel von der letzten Schüssel abgehoben wurde und der Kopf seines Sohnes darin lag, erfuhr Harpagos von der wahren Beschaffenheit der Speisen. Aber Astyages sollte nicht ungestraft davonkommen – denn während dieses Verbrechen im Palast begangen wurde, war Kyros zu einem prächtigen Jüngling herangewachsen, der zur gegebenen Zeit seine Herden verließ, um König zu werden, wie es das Schicksal bestimmt hatte.

Die Geschichte weist Ähnlichkeiten mit der Erzählung über Kaj Chosrau im *Schahnameh* auf. Dem Epos zufolge wurde auch Kaj Chosrau als Kind vom Königshof fortgebracht und von einem Hirten aufgezogen, und seine künftige Größe wurde ebenfalls in einem Traum prophezeit, den in diesem Fall sein Vater Siavosch träumte. Diese Übereinstimmungen und die Ähnlichkeit der persischen Form der Namen lassen vermuten, daß Teile der Kyros-Geschichte die Sagen über Chosrau beeinflußten.

Dann kam die schlechte Nachricht: Afrasiab, der über eine Prophezeiung beunruhigt war, nach der Siavoschs Sohn ihm den Untergang bringen werde, verlangte von Piran, dem Beschützer des Knaben, seinen Schützling zu töten. Piran, der verzweifelt einen Ausweg suchte, um Kaj Chosrau zu retten, versuchte, den König zu beruhigen, indem er ihm sagte, der Knabe sei schwachsinnig. Daraufhin wurde der junge Prinz in den Palast gerufen, und da er auf jede Frage, die man ihm stellte, nur eine unsinnige Antwort gab, hielt der König die Behauptung für wahr. Erleichtert schickte er den Knaben zu seinen Schafen zurück.

Zu jener Zeit suchte der greise Kaj Kavus einen Nachfolger, der als sein Regent die Geschicke Persiens lenken sollte. Sein Sohn Fariburs war zwar tapfer, aber als König ungeeignet. Vielmehr dachte Kaj Kavus an seinen Enkel Kaj Chosrau im fernen Turan.

Das Problem war, daß niemand in Persien wußte, wo genau Kaj Chosrau lebte. Der Edle Giv wurde auf die Suche nach ihm geschickt und fand ihn in Chotan. Es gelang ihm, den Jüngling und dessen Mutter zu überreden, mit ihm nach Persien zurückzukehren, aber die Kunde von ihrer Flucht drang bald auch zu Afrasiab, und die Reise wurde zu einer schrecklichen Verfolgungsjagd. Schließlich erreichten die drei den Fluß Oxus, der Turan von Persien trennte. Da Afrasiabs Mannen ihnen dicht auf den Fersen waren, ritten sie durch das tiefe Wasser, was bis dahin noch niemand geschafft hatte.

Kaj Chosrau wurde wie ein Held begrüßt, und Kaj Kavus teilte ihm mit, daß er ihm, seinem Enkel, den Thron übergeben wolle. Der einzige, den diese Entscheidung vor den Kopf stieß, war Tus, ein Freund Fariburs'. Bald drohte ein Bürgerkrieg.

Das Grabmal des Kyros erhebt sich aus einer Ebene im Süden Persiens, wo Kyros' Hauptstadt Pasargadai stand. Mit dem Bau der Stadt wurde um 546 v. Chr. begonnen. Die Pracht Pasargadais veranlaßte Dareios, im benachbarten Persepolis seinen herrlichen Palast zu errichten. Kyros' Grabstätte blieb jedoch über viele Generationen das Symbol persischer Größe.

Als Ausweg aus der verfahrenen Situation schlug Kaj Kavus vor, den Mut der beiden Thronanwärter auf die Probe zu stellen. Sie sollten eine Feste im persischen Grenzland einnehmen, die angeblich von Dämonen bewacht wurde. Fariburs versuchte es als erster, doch vergebens. Die Festung schwebte in der Luft, hatte weder Tor noch Fenster und war von einem Flammenring umgeben. Kaj Chosrau hingegen fand einen einfachen Weg, um die Verteidigungsanlagen zu überwinden. Er schrieb den Namen Gottes auf eine Flagge, die er an der Spitze seiner Lanze befestigte. Beim bloßen Anblick des heiligen Banners erstarben die Flammen, die Festung sank zu Boden und offenbarte ein völlig normales Tor. Kaj Chosrau betrat die Festung, vertrieb die Dämonen und löste so die Frage kampflos, wer als König geeignet sei.

Seine Herrschaft bildet den Kern des *Schahnameh,* denn der Streit zwischen Persien und Turan erreicht darin seinen Höhepunkt. Das Auf und Ab des Kriegsglücks erinnert an die Gefechte in Homers *Ilias,* nicht zuletzt wegen der entscheidenden Rolle, die einzelne Helden im Verlaufe der Ereignisse spielten.

Kaj Chosraus erste Feldzüge

Gleich zu Beginn seiner Herrschaft marschierte Kaj Chosrau in Turan ein, um den schmachvollen Tod seines Vaters Siavosch zu rächen. Jener erste Feldzug verlief für die Perser schlecht. Tus widersetzte sich dem Befehl, die Neutralität des Grenzstaates Kalat zu respektieren, der von Kaj Chosraus Halbbruder Farud regiert wurde. In dem nun folgenden Kampf wurden Farud und viele persische Krieger getötet.

Und Schlimmeres sollte folgen. Tus und Giv nämlich achteten immer weniger auf die Disziplin ihrer Männer, so daß den Turanern zu nächtlicher Stunde ein Überraschungsangriff gelang – als viele Perser ihre vermeintliche Unbesiegbarkeit mit einem Trinkgelage feierten.

Daraufhin wurde Tus sofort zurückbeordert und unter Hausarrest gestellt, und Fariburs, der unterlegene Thronanwärter, erhielt an seiner Stelle den Oberbefehl über das Heer. Ein Blick auf die undisziplinierten Männer genügte für die Erkenntnis, daß er Zeit brauchte, seine Truppen neu zu ordnen. Er bat den Feind um einen einmonatigen Waffenstillstand, den Piran – der trotz seiner Rolle bei Kaj Chosraus Rettung noch immer das Kommando über Afrasiabs turanisches Heer innehatte – ihm großzügig gewährte. Aber selbst diese ungewöhnliche Milde konnte das Glück der Perser nicht wenden. Nach Beendigung der Waffenruhe wurden sie erneut geschlagen, und entmutigt zogen sie sich nach Persien zurück. Die Turaner hatten einen großen Sieg errungen.

Ein persischer Krieger greift den Zauberer Baru an. Um die persischen Truppen zu verwirren und Turan den Sieg zu sichern, hatte Baru einen Sturm herbeigerufen. Illustration aus einer Ausgabe des *Schahnameh,* entstanden um 1440.

Doch die Perser waren nicht völlig besiegt – noch hatte Rostam nicht in den Krieg eingegriffen. Er führte die Truppen erneut gegen Afrasiabs Heer. Da es auch diesmal zu keiner Entscheidung kam, griffen die Turaner auf Hexerei zurück und schickten einen angesehenen Zauberer namens Baru auf einen Berg in der Nähe, damit er ein Unwetter herbeirufe. Von Dunkelheit, Hagel und Schnee geblendet, wurden die Perser auf eine harte Probe gestellt, bis schließlich – als Antwort auf ihre Gebete – ein geheimnisvoller Fremder erschien und einem ihrer Helden den Weg zu Baru wies. Der Krieger hackte dem Zauberer die Arme ab, so daß dieser seine Macht verlor, denn ohne Arme konnte er seine Anrufungen nicht mehr ausführen.

Doch waren die Schwierigkeiten der Perser noch nicht vorüber. Die Turaner trieben sie in die Berge, wo sie in einer Festung Zuflucht suchten. Afrasiab nutzte die Pause, um sich neue Verbündete zu beschaffen: ein furchterregendes Dreigespann aus den chinesischen und indischen Grenzgebieten – Schinkul von Sugsar, Kamus von Kuschan und Chaghan von Tschin.

In dem nun folgenden Kampf übertraf Rostam sich selbst. Ohne fremde Hilfe besiegte er alle drei Feldherren. Schließlich wurden auch die turanischen Truppen vom Schlachtfeld vertrieben. Eine Zeitlang konnten die Perser Turan erneut verwüsten, wobei sie sich vor allem gegen Chotan wandten, um Siavoschs Tod zu rächen. Doch schließlich gelang es Afrasiab, ein neues Heer aufzustellen, das von einem kräftigen Kämpfer namens Puladvand angeführt wurde, von dem er hoffte, daß er am Ende Rostam überlegen sei.

Puladvand erfüllte die in ihn gesetzten Hoffnungen. Als die beiden Heere aufeinanderstießen, fesselte er nicht nur Tus und Giv, sondern schnitt auch das persische Kriegsbanner entzwei. Diese Demütigung war mehr, als Rostam ertragen konnte, und beide Helden traten einander auf der weiten Ebene zur entscheidenden Kraftprobe gegenüber.

Sie einigten sich darauf, ihre Stärke in einem Ringkampf zu messen. Als Rostam jedoch die Oberhand gewann, bedrängte Afrasiab Puladvand, seinen Gegner hinterhältig mit einem Dolch zu töten, was gegen alle Regeln des unbewaffneten Ringkampfes verstieß. Als Rostam dieser Tücke gewahr wurde, schleuderte er seinen Rivalen zornig zu Boden, wo er wie tot liegenblieb. Auch wenn sich herausstellte, daß Puladvand nur völlig erschöpft war, veranlaßte die Niederlage Afrasiab, das Schlachtfeld zu verlassen und ein Versteck aufzusuchen. Rostam kehrte siegreich nach Persien zurück, wo ihn Kaj Chosrau freudig willkommen hieß, denn er wußte, daß die Ehre des Landes voll und ganz wiederhergestellt war.

Kaj Chosraus endgültiger Sieg

Rostams Sieg bedeutete nicht das Ende des Dauerkrieges gegen Turan. Im Verlaufe der Ereignisse gerieten auch zwei Liebende zwischen die Fronten, und schließlich setzte der Tod der erbitterten Feindschaft zwischen Kaj Chosrau und Afrasiab ein Ende.

Der Kampf zwischen den beiden Reichen brach auf unerwartete Weise erneut aus. Als ein Rudel Wildschweine ein Gebiet nahe der turanischen Grenze verwüstete, bot sich Givs Sohn Bisan an, die Tiere zu jagen. Dabei gelangte er nach Turan und begegnete zufällig Afrasiabs jüngster Tochter Maniseh. Die beiden verliebten sich ineinander, und der Perser hatte es der Prinzessin so sehr angetan, daß sie ihm beim Abschied ein Schlafmittel in sein Getränk mischte und ihn anschließend in den Palast ihres Vaters schmuggelte. Dort lebten sie in aller Heimlichkeit zusammen – bis sie von Afrasiabs Wachen entdeckt wurden.

Bisan wurde vor Afrasiab gebracht, und dieser ließ ihn in Ketten legen und in eine Grube werfen, deren Öffnung mit einem gewaltigen Felsbrocken versperrt wurde. Der König verstieß auch seine Tochter. Immer wieder schlich Maniseh zum Kerker ihres Geliebten und reichte ihm durch einen Spalt im Felsblock Brot und Wasser. So hielt sie ihn am Leben.

Bald drang die Kunde von Bisans schrecklicher Lage auch an den persischen Königshof, und Rostam erklärte sich sofort bereit zu helfen. Als Kaufleute verkleidet, reisten er und sieben Gefährten durch Turan, bis sie herausgefunden hatten, wo Bisan gefangengehalten wurde. Dank seiner enormen Kraft gelang es Rostam, den Felsbrocken von der Öffnung der Grube wegzuschieben, so daß die Perser den ausgemergelten Gefangenen in Sicherheit bringen konnten.

Bevor sie mit Bisan und Maniseh nach Persien zurückkehrten, konnte Rostam der Versuchung nicht widerstehen, in Afrasiabs Palast einzudringen. Nachdem er und seine Begleiter das Gebäude unbemerkt betreten hatten, stürzten sie mit gezogenen Schwertern in den Thronsaal und schlugen den König in die Flucht. Sie plünderten seine Schatzkammer, und als er seine Truppen hinter ihnen herschickte, waren sie bereits auf dem Rückweg nach Persien.

Afrasiab fühlte sich so gedemütigt, daß er an einen neuen Krieg dachte. Aber sämtliche Versuche des Königs, die erlittenen Niederlagen zu rächen, blieben erfolglos. Obwohl er frische Kämpfer gegen Rostam antreten ließ und sogar einen Giftanschlag gegen ihn und die anderen persischen Feldherrn ausheckte, waren all seine Anstrengungen vergebens. Sein Heer wurde ein weiteres Mal geschlagen.

Kaj Chosrau nutzte die Gelegenheit und entsandte nun seinerseits ein Heer gegen Turan, das von Givs Vater Gudars angeführt wurde. Zwei lange Jahre wütete der Krieg unablässig, ohne daß eine der beiden Seiten einen entschei-

Ein *rhyton*, ein ritueller Trinkbecher (etwa 5. Jahrhundert v. Chr.). Maniseh tat Bisan aus Liebe ein Schlafmittel in sein Getränk, während Afrasiab Rostam aus Haß vergiften wollte.

Die Versuchungen der Macht

Kaj Chosrau ist die Gestalt, die dem Ideal des Herrschers im „Schahnameh" am nächsten kommt. Der auch als Krieger gefeierte König war sich der Gefahren der Machtausübung stets bewußt.

Einer der interessantesten Aspekte des *Schahnameh* ist die Haltung, die Firdausi gegenüber der Macht der darin beschriebenen Könige einnimmt. Manche der Herrscher sieht er durchaus kritisch und beschreibt einige – vor allem Kaj Kavus – als unfähig, der Verantwortung gerecht zu werden.

Firdausis Ansicht von den Pflichten eines Königs wird besonders deutlich in seiner Darstellung des Kaj Chosrau, den er als fast makellosen Charakter beschreibt. Kaj Chosrau erweist sich als der Gefahren bewußt, die der Macht innewohnen. In einem Monolog vor seiner Abdankung sinnt er darüber nach, was geschehen könnte, wenn er auf dem Thron bliebe: „Ich werde mich der Verworfenheit und Unklugheit zuwenden und werde in die Finsternis übergehen. Ein schlechter Ruf wird alles sein, was von mir in dieser Welt übrigbleiben wird; und ein schlimmes Ende wird mich erwarten, wenn ich vor Gott trete."

Der Teller aus vergoldetem Silber zeigt einen König auf seinem Thron, der von Steinböcken und geflügelten Pferden getragen wird. Das Artefakt stammt aus der Sassaniden-Zeit.

denden Vorteil erzielte. Doch dann erlitten die Turaner durch den Tod des tapferen Piran, der Afrasiabs bester Heerführer war, einen vernichtenden Schlag.

Kaj Chosrau selbst führte den letzten Angriff an. Nachdem er Afrasiabs Sohn im Zweikampf getötet hatte, flohen der König und seine Mannen vom Schlachtfeld. Die Perser verfolgten Afrasiab quer durchs Land, während sich auch die wenigen Anhänger, die ihm noch geblieben waren, von ihm abwandten, bis er schließlich ganz allein dastand. In einer Höhle in den Bergen nahm er Zuflucht, doch ein Einsiedler, den er einst ungerecht behandelt hatte, lieferte ihn dem Feind aus. Er wurde vor Kaj Chosrau gebracht, der seine Bitte um Gnade ablehnte. Anschließend enthauptete der König von Persien persönlich den König von Turan und dessen Bruder Garsivas. Das Blut fing er in einer Schale auf – eine demütigende Handlung, die Garsivas Jahre zuvor Siavosch hatte antun lassen.

Kurz darauf starb Kaj Kavus, und Kaj Chosrau war alleiniger Herrscher Persiens. Sechzig Jahre war er an der Macht, und es kam die Zeit, da er des Lebens überdrüssig war. Er hatte alles erreicht, und nun war die Stunde gekommen, seinen Geist Gott zuzuwenden. Deshalb dankte er zugunsten von Lohrasp ab, der ebenfalls ein Enkels Kaj Kavus' war.

Nachdem sich Kaj Chosrau von seinen Kriegern verabschiedet hatte, verließ er den Palast und begab sich in die Berge. Seine engsten Getreuen begleiteten ihn, doch nach einer Weile schickte er sie zurück, weil ein Schneesturm aufkam. Aus der Ferne sahen sie ihn hoch oben am Berghang im Schnee verschwinden. Das war das letzte, was sie von ihrem König sahen.

Der mutige Prinz Isfandiar

Nach Rostam war Isfandiar der größte Held, den es in Persien gab. Es hieß, Zarathustra selbst habe ihn unverwundbar gemacht, doch als das Schicksal ihn in einen Zweikampf mit Rostam verstrickte, zeigte sich, daß er dem großen alten Helden nicht gewachsen war.

Nachdem Kaj Chosrau entschwunden war, wurde Lohrasp König, wie Kaj Chosrau es gewünscht hatte. Doch auch dieser dankte ab: Er wollte sich der Religion widmen. Die Krone übergab er seinem Sohn Guschtasp, einem unerschrockenen Krieger. Doch Guschtasp war machtbesessen. Aus diesem Grund sollte er dereinst mit seinem Sohn Isfandiar aneinandergeraten.

Firdausi zufolge führte Zarathustra unter Guschtasps Herrschaft in Persien den Feuerkult ein. Eifrig verkündete er den neuen Glauben, und der König gehörte zu seinen ersten Anhängern. Guschtasps Hauptinteresse galt jedoch dem Krieg, denn in Turan gab es zu jener Zeit einen jungen Feldherrn, der den Kampf mit den Persern unbedingt wiederaufnehmen wollte. Sein Name war Ardschasp, und er forderte vom persischen König Tribut. Als Guschtasp sich weigerte, brach zwischen den beiden Reichen erneut Krieg aus.

In der folgenden Schlacht zeichnete sich Isfandiar erstmals als großer Krieger aus. Der Befehlshaber des persischen Heeres war Guschtasps Bruder Zarir, der jedoch gleich zu Beginn der Schlacht getötet wurde. Daraufhin übernahm Isfandiar die Aufgabe des Gefallenen und führte die Perser zu einem strahlenden Sieg. Zur Belohnung ernannte Guschtasp ihn zum Kronprinzen.

Isfandiar war von Ehrgeiz getrieben. Mit der Waffe in der Hand verbreitete er den neuen zoroastrischen Glauben von Persien aus ostwärts bis Hindustan und westwärts bis Arabien sowie in die Mittelmeerländer. Eine Zeitlang hatte es den Anschein, als sei er nicht aufzuhalten, bis ihm seine Erfolge schließlich zum Verhängnis wurden. Denn sie erweckten Guschtasps Neid: Er fürchtete, daß sein Sohn ihn in den Schatten stellen werde.

Und als ein Krieger namens Gursam die falsche Behauptung erhob, der Prinz wolle ihn stürzen, war Guschtasp leicht zu überzeugen. Er rief Isfandiar in die damalige Hauptstadt Balch zurück und ließ ihn von den Palastwachen festnehmen. Unerwartet fand sich der Eroberer der Welt im Gefängnis wieder.

In militärischer Hinsicht waren die Auswirkungen dieser Tat verheerend. Das führerlose persische Heer verlor seine Kampfmoral und löste sich auf. Anstatt rasch zu handeln, um die Situation in den Griff zu

bekommen, entschied sich Guschtasp überstürzt, nach Sistan zu Rostam zu reisen. Als der turanische Feldherr Ardschasp mit seinem Heer Balch angriff, fand er die persische Hauptstadt praktisch ungeschützt vor. Verzweifelt flehten die Bewohner Lohrasp an, aus seiner Abgeschiedenheit zurückzukehren und die Stadt zu retten. Aber die Truppen des alten Herrschers konnten es mit den Angreifern nicht aufnehmen; in dem sich entfesselnden Kampf wurde Lohrasp getötet und die Stadt eingenommen.

Entsetzt bat Guschtasp Rostam um Hilfe, doch jener lehnte sein Gesuch ab. Der Held, der sich zu Hause glücklich fühlte, führte sein Alter und seine schlechte Gesundheit als Grund dafür an, sich an dem Krieg nicht zu beteiligen. Also zog der König der Könige selbst in die Schlacht, um Balch zu befreien, doch mußte er mitansehen, wie seine Truppen von den Turanern zurückgeschlagen wurden.

In dieser schweren Zeit bat Guschtasp seinen Astrologen um Hilfe. Von ihm erfuhr er, daß es nur einen einzigen Mann gebe, der Persien retten könne: der im Gefängnis sitzende Isfandiar. Für Guschtasp war die Zeit gekommen, Fehler einzugestehen, und so ließ er seinen Sohn frei und bat ihn um Verzeihung.

Isfandiar war bereit, das Heer erneut zu befehligen, und wieder hatte er Erfolg. Balch wurde befreit,

Das Zeitalter des Zweikampfes

Zweikämpfe, in denen Helden wie Rostam, Sohrab oder Isfandiar zwischen den Linien einander Auge in Auge gegenüberstanden, konnten in legendären Zeiten ganze Kriege entscheiden.

Der Zweikampf war nicht nur in Persien, sondern im gesamten Mittelmeerraum der späten Bronzezeit ein entscheidendes Mittel der Kriegführung. Er kommt sowohl in Homers *Ilias* als auch in der Bibel vor, zum Beispiel im Streit zwischen David und Goliath – und steht ebenso im Mittelpunkt vieler Erzählungen des *Schahnameh*.

Die schlichten Kampfstrategien, in denen Schlachtordnungen wie die Phalanx noch unbekannt waren, begünstigten die Tapferkeit des einzelnen gegenüber dem Kampf in einer bestimmten Gruppenformation. Und da Metall sehr wertvoll war, konnte es sich nur eine kleine, aristokratische Elite wohlhabender Krieger leisten, sich für den Zweikampf angemessen auszurüsten. Als die Heere dann in Schlachtordnungen aufgestellt wurden und immer mehr Waffen aus Eisen zur Verfügung standen, waren die Tage des Helden, der das Schicksal eines Krieges allein wenden konnte, vorbei. Doch lieferten seine Taten den Stoff für Heldengedichte, in denen sie weiterlebten.

Persische Rüstungen zeigten oft kunstvolle Verzierungen. Hier sind es Schriftzüge (1737).

und Ardschasps Truppen flohen nach Turan zurück. Doch ein Problem gab es noch: Zwei Schwestern Isfandiars befanden sich in der Hand der Turaner, und es hieß, daß sie in Ardschasps Burg, der Ehernen Festung, gefangengehalten wurden.

Isfandiar beschloß, sie selbst zu befreien. Guschtasp stellte ihm eine Gruppe sorgfältig ausgesuchter Männer sowie die Dienste eines turanischen Gefangenen zur Verfügung, der die Perser als Gegenleistung für seine Freiheit zur Festung führen wollte. Als der Prinz ihn nach dem Weg zur Ehernen Festung fragte, antwortete er, es gebe drei Wege: einen einfachen, für den man drei Monate brauche, einen weniger angenehmen, für den man acht Wochen benötige, und einen, den man in sieben Tagen zurücklegen könne, doch müsse man jeden Tag ein Ungeheuer überwältigen oder eine schreckliche Gefahr bestehen. Isfandiar wählte natürlich den kurzen, gefährlichen Weg.

Und wie vor ihm Rostam *(Seite 78)* nahm nun auch der jüngere Mann sieben Abenteuer auf sich. Am ersten Tag der Reise mußte er zwei streunende Wölfe erlegen, am zweiten einen Löwen und eine Löwin. Als nächstes baute er einen waffenstarrenden Wagen, um einen Drachen zu bekämpfen *(Kasten unten)*, und am vierten besiegte er eine Hexe und ihren dämonischen Diener. Dann begegnete er Simurgh *(Seite 108)*, die er – anders als Zal – als Feindin betrachtete und tötete. Spätere Ereignisse sollten zeigen, daß er besser getan hätte, sich um die Freundschaft des Zaubervogels zu bemühen. Die beiden letzten Hindernisse waren ein

Prinz Isfandiar tötet den Drachen

Isfandiars berühmteste Leistung war die Tötung des Drachen, bei der er Einfallsreichtum bewies.

Eines der Abenteuer, die Isfandiar bestehen mußte, war der Kampf gegen einen Drachen. Um das Ungeheuer zu besiegen, ließ sich der Prinz einen geschlossenen Wagen bauen, der oben und an den Seiten mit Lanzenspitzen und Schwertklingen besetzt war. Er spannte zwei Pferde davor und machte sich auf zur Drachenhöhle. Sobald er das drohende Gebrüll hörte, stieg er in das Gefährt und schloß die Tür fest hinter sich zu.

Der Drache, erbost über die Störung, packte Wagen und Pferde mit den Fängen und wollte sie verschlingen, doch die scharfen Klingen bohrten sich ihm in den Rachen, so daß er die tödliche Speise mit einem Blutschwall ausspucken mußte. Der Prinz sprang aus dem Wagen und versetzte dem Ungeheuer mit dem Schwert den Todesstoß. Doch das Gift, das aus der Wunde über ihn strömte, machte ihn schwindlig, so daß es etwas dauerte, bis er den Sieg feiern konnte.

Mit Hilfe seines genialen Wagens tötet Isfandiar den Drachen. Illustration aus dem *Schahnameh* (15. Jahrhundert).

Schneesturm, in dem die Männer fast erfroren wären, und eine Wüste mit brennend heißem Sand, die er erfolgreich durchquerte.

Schließlich gelangte Isfandiar zur Ehernen Festung, die uneinnehmbar erschien. Nach einer Weile kam er zu dem Schluß, daß hier nicht Gewalt, sondern List gefragt sei. Also verkleidete er sich als Kaufmann und belud seine Lastkamele mit Körben voller kostbarer Waren – aber nur in den Körben der ersten Tiere befanden sich Stoffe und Edelsteine, in allen anderen bewaffnete Krieger.

Ardschasp, der sich in seiner Festung langweilte, freute sich über den Besuch des Verkäufers von Luxusartikeln – vor allem, als der Fremde ihn und seine Hofbeamten zu einem Bankett einlud. Es wurden köstliche Speisen aufgetragen. Als dann der turanische König und seine Krieger schon ziemlich betrunken waren, beendete Isfandiar das Versteckspiel. Er gab sich zu erkennen und ließ seine Krieger auf die Zechbrüder los. Es folgte ein Blutbad, in dessen Verlauf sowohl Ardschasp als auch sein Sohn getötet wurden.

Isfandiar kehrte siegreich nach Balch zurück und hoffte, Guschtasp werde nun endlich zu seinen Gunsten abdanken. Aber sein Ehrgeiz erweckte nur erneut den Argwohn des alten Mannes. Wieder befragte er seine Seher, die ihm die überraschende Auskunft gaben, daß Isfandiar eines Tages durch Rostams Hand den Tod finden werde.

Während Guschtasp über diese Prophezeiung nachgrübelte, faßte er einen Plan. Er hatte Rostam schon lange dafür bestrafen wollen, daß er ihm nach der Eroberung von Balch nicht zu Hilfe geeilt war. Nun sah er eine Möglichkeit, zwei Fliegen mit einer Klappe zu schlagen. Er gab Isfandiar den Befehl, Rostam in Ketten zu ihm zu bringen. Wenn er das tue, versprach Guschtasp, werde er den Thron freigeben.

Anfangs schreckte Isfandiar davor zurück, den größten Helden Persiens zu demütigen, aber sein Ehrgeiz spornte ihn an. Also begab er sich nach Sistan und forderte Rostam auf, sich zu ergeben. Obwohl dem älteren Mann nicht nach einem Streit zumute war, wollte er sich auf keinen Fall fesseln lassen. Es mußte zum Kampf kommen.

Und so traten sich Rostam und Isfandiar zum Zweikampf gegenüber, wie Guschtasp es erwartet hatte. Rostam war inzwischen alt geworden, und der Sieg wäre sicherlich an seinen jüngeren Gegner gegangen, wäre da nicht eine geheime Waffe gewesen, auf die sich sein Vater und er in einer Notlage stützen konnten: Simurgh. Der Zaubervogel hatte auf wunderbare Weise Rostams Wunden geheilt und verriet ihm nun den einzigen Weg, wie Isfandiar, der von Zarathustra selbst unverwundbar gemacht worden war, geschlagen werden könne: mit einem Pfeil aus dem Holz des Kazu-Baumes. Der Pfeil müsse zwei Spitzen haben, die beide Augen gleichzeitig durchbohrten. So werde Isfandiar geblendet, aber nicht tot sein, wodurch eine Katastrophe verhindert werde. Denn sollte Isfandiar sterben, so warnte der Vogel, werde sein Mörder ihn nicht lange überleben.

Am nächsten Morgen unternahm Rostam einen letzten Versuch, die sich anbahnende Tragödie doch noch abzuwenden, indem er sich einverstanden erklärte, sich zu Guschtasp bringen zu lassen – allerdings ohne Ketten. Isfandiar jedoch wies dieses Angebot zurück. Also begann der Kampf erneut, und Rostam schoß den unheilvollen Pfeil ab. Er traf sein Ziel, und die Kraft des Abschusses ließ den Prinzen nicht nur erblinden, sondern verwundete ihn auch tödlich.

So gut er konnte, stand Rostam dem Sterbenden bei. Bevor Prinz Isfandiar sein Leben aushauchte, versöhnten sich die beiden Helden, und Isfandiar vertraute sogar seinen Sohn der Obhut seines Mörders an. Dann kam der Tod. Das Schicksal hatte sein Opfer gefordert und Persien seinen hellsten Stern verloren.

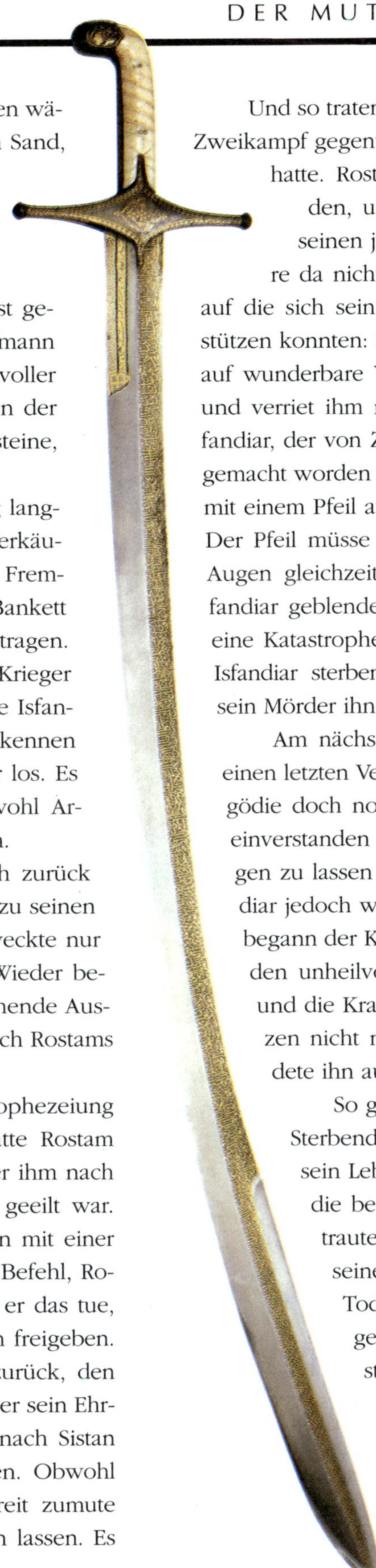

Isfandiar wartete, bis die Turaner betrunken waren, und metzelte sie dann alle nieder. Die Abbildung zeigt ein persisches Schwert aus dem 19. Jahrhundert.

Rostams Tod

Auch Rostams Erdentage mußten einmal ein Ende finden. Aber nicht im Kampf sollte er ums Leben kommen, sondern durch Verrat – und was das Ganze noch tragischer machte, war die Tatsache, daß die Verschwörung im Schoße seiner eigenen Familie ausgeheckt wurde.

Simurgh hatte prophezeit, daß Isfandiars Mörder sein Opfer nicht lange überleben werde, und bald sollte sich diese Ankündigung als wahr erweisen. Doch auf welche Weise der Tod Rostam schließlich ereilte, konnte der Held selbst nicht vorhersehen.

Ohne es zu wissen, hatte er sich den Haß seines jüngeren Halbbruders Schaghad zugezogen, des Sohnes von Zal und einer Sklavin. Dieser wuchs im Königspalast auf und heiratete eine Tochter des Königs von Kabul. Seit eh und je hatte er Rostam wegen seines Rufes beneidet und nach einer Möglichkeit gesucht, ihn zu demütigen oder gar zu töten.

Der König von Kabul war ebenfalls unzufrieden wegen seiner untergeordneten Stellung als Vasall von Sabulistan und haßte Rostam, weil er von ihm abhängig war. Und als Kabuls jährliche Tributzahlungen unverhofft erhöht wurden, kochte er vor Wut und sprach im Beisein Schaghads offen von Rache.

Schaghad war nur zu gern bereit, ihm zu helfen, und gemeinsam ersannen sie einen Plan. Zunächst jedoch trachteten sie, jeglichen Verdacht, den Rostam bezüglich ihres Bündnisses hegen könnte, durch einen vorgetäuschten Streit auszuräumen.

Auf einem Bankett in Kabul, auf dem reichlich Wein geflossen war, beleidigte Schaghad den König in aller Öffentlichkeit. Der Herrscher reagierte wütend und nannte seinen Gast den Sohn einer Sklavin. Diese Beschimpfung lieferte Schaghad den Vorwand, Rostam zur Verteidigung der Familienehre um Beistand zu bitten. Nachdem er sich eilig nach Sistan begeben hatte, berichtete er mit übertriebenen Einzelheiten von dem Vorfall und bat seinen Bruder, gemeinsam mit ihm Rache zu nehmen.

Rostam war sofort einverstanden. Die beiden Brüder reisten nach Kabul zurück, wo sie der König persönlich empfing. Reumütig fiel er vor dem Helden auf die Knie und flehte ihn an, sich durch eine so gedankenlose Bemerkung nicht verletzt zu fühlen.

Rostam nahm die unterwürfige Entschuldigung an und wies auch die Einladung nicht zurück, für ein paar Tage zur Jagd in Kabul zu bleiben – um die erneuerte Freundschaft zwischen den beiden Königshäusern zu festigen. In Wirklichkeit war diese Einladung die Falle, derentwegen ihm die ganze Scharade von Streit und Versöhnung vorgespielt worden war. Denn entlang des Weges, den die Jagdgesellschaft nehmen würde, hatte der König für Rostam Fallgruben ausgehoben. Er hatte tiefe Löcher graben lassen, die am Boden und an den Seiten mit spitzen Pflöcken und Klingen bestückt und sorgfältig mit Reisig und Erdreich abgedeckt waren, so daß man sie von der Straße aus nicht sah.

Bevor Rostam den Verletzungen erlag, brachte er Schaghad um. Illustration aus dem *Schahnameh,* 14. Jahrhundert.

Als sie losritten, achteten der König und Schaghad darauf, daß Rostam auf seinem treuen Roß Rachsch den Ehrenplatz an der Spitze des Zuges einnahm. Sie selbst ritten in einigem Abstand hinter und neben ihm, angeblich um ihm den gebührenden Respekt zu erweisen. Als sie den Abschnitt mit den Fallen erreichten, blieb Rachsch plötzlich stehen und weigerte sich weiterzugehen, denn zweifellos witterte er die aufgewühlte Erde und somit die Gefahr. Einen Augenblick schien es, als würde der Plan der Verschwörer mißlingen. Aber Rostam, irritiert von Rachschs ungewohntem Starrsinn, gab dem Hengst kräftig die Fersen, woraufhin Rachsch nach vorn sprang – direkt in eine Grube hinein.

Pferd und Reiter stürzten durch das Reisig hinunter auf die spitzen Pflöcke. Während sie sich in der Dunkelheit hin- und herwarfen, schnitten sie sich immer wieder an den Klingen, die aus den Wänden hervorstachen, und schon bald waren sie von dem großen Blutverlust geschwächt.

Als Rostam erkannte, daß man ihn hintergangen hatte, bat er seine Widersacher laut um einen letzten Gefallen: Sie sollten ihm seinen Bogen geben, damit er wenigstens wilde Tiere abwehren könne, die ihn vor seinem Tod quälen könnten. Ein Diener warf ihm die Waffe hinunter, bevor Schaghad ihn davon abhalten konnte. Mit allerletzter Kraft zog sich der alte Krieger sodann an der Grubenwand hinauf, wobei er sich nur noch mehr an den Schwertklingen verletzte. Sein Bruder, der die Gefahr erkannte, floh zu einem Baum und versteckte sich hinter ihm. Doch Rostam hatte ihn entdeckt. Mit einer letzten Anstrengung schickte er ihm einen Pfeil hinterher, der sowohl den Baumstamm als auch den dahinter kauernden Verschwörer durchbohrte. In dem Bewußtsein, sich gerächt zu haben, sank Rostam in die Fallgrube zurück. Nachdem er und Rachsch so viele Abenteuer gemeinsam überstanden hatten, starben sie nun gemeinsam. Und ganz Persien betrauerte den Tod des größten Helden, den das Land je gesehen hatte.

Sikander, der Welteroberer

Alexander der Große tritt im *Schahnameh* als Sikander auf. Sikander ist ein verwegener junger Abenteurer, der Persien und weite Gebiete der Welt erobert. Die meisten Geschichten, die im *Schahnameh* über ihn erzählt werden, sind jedoch der Phantasie des Dichters entsprungen.

Der historische Alexander der Große war der Sohn Philipps, des Königs von Makedonien, eines zum griechischen Kulturkreis gehörenden und im Norden von Griechenland gelegenen Reiches. Einer der Lehrer Alexanders war der Philosoph Aristoteles. Mit neunzehn Jahren erbte er den Thron von seinem Vater. Nachdem er andere griechische Staaten unterworfen hatte, schmiedete er einen Plan, der ursprünglich von seinem Vater stammte, um das mächtige Perserreich zu überfallen. Seine Erfolge überstiegen selbst seine kühnsten Träume, denn er eroberte nicht nur Persien und dessen Tributstaaten, sondern auch Ägypten und die Länder des östlichen Mittelmeerraums. Anstatt sich jedoch auf seinen Lorbeeren auszuruhen, führte Alexander sein Heer anschließend ostwärts durch das heutige Afghanistan und Pakistan bis nach Nordindien. Sein Eroberungsdrang war unersättlich, seine Tatkraft unvorstellbar. Er wäre noch weitergezogen, aber seine Männer drohten mit Meuterei, und so beschloß er umzukehren. Als er Babylon erreicht hatte, starb er im Alter von zweiunddreißig Jahren an einem Fieber.

Als persischer Patriot hatte Firdausi offensichtlich Schwierigkeiten mit dem ausländischen Eroberer seines Heimatlandes. An einigen Stellen im *Schahnameh* beschreibt er Sikander, wie Alexander in Persien genannt wird, als Feind Persiens, als böse und zerstörerisch wie Afrasiab oder der schlangenschultrige Sahak. Der Dichter verurteilt vor allem seinen Vandalismus bei der Zerstörung des persischen Thronsessels, eines Erbstücks, dem viele Könige über eine lange Zeit hinweg jeweils einen neuen Schmuck hinzugefügt hatten.

Doch als Firdausi den Abschnitt seines Epos schrieb, der sich insbesondere mit Sikanders Herrschaft über Persien befaßt, brachte er dem Makedonier größere Milde entgegen. Offenbar kannte Firdausi eine persische oder arabische Übersetzung, in welcher über Alexanders griechische Vergangenheit berichtet wurde, die er dann auch selbst wie-

Die gewaltige Macht des Eroberungsheeres Alexanders ist auf diesem Miniaturgemälde aus Täbris zu sehen (1330–1336). Die Leistungen des Makedoniers waren so groß, daß die persische Überlieferung ihn als eigenen Helden beanspruchte.

Der König mit den Hörnern

Die Perser nannten Alexander „zulqarnain", den Zweihörnigen. Dieser merkwürdige Beiname hatte aber nichts Herabsetzendes.

Auf der Vorderseite dieser thrakischen Münze ist Alexander mit Widderhörnern dargestellt (etwa 3. Jahrhundert v. Chr.).

Für den Beinamen gibt es viele Erklärungen. Einige davon leiten sich von der Bedeutung darin enthaltener persischer Wörter ab. So ließ eine Begründung darauf schließen, daß Alexander das Haar zu Zöpfen geflochten trug – denn *qarn* kann „Haarlocke" bedeuten. Eine andere wies darauf hin, daß er auf seinen Reisen die Sonne sowohl im Osten als auch im Westen aufgehen sah, denn *qarn* kann auch „Sichel der aufgehenden Sonne" bedeuten.

In Wirklichkeit scheint jedoch eine Verbindung zum ägyptischen Gott Amun bestanden zu haben, der mit einem Widder assoziiert wurde. Nach der Eroberung Ägyptens folgte Alexander dem bestehenden Brauch der Pharaonen und ließ sich selbst als Amun darstellen – mit Widderhörnern.

dergibt, allerdings in eigentümlicher Form, wie in einem Zerrspiegel. Und zu dem groben Abriß des Lebens Alexanders fügte Firdausi mehrere Berichte von Reisenden und wundersame Legenden hinzu, wozu ihn zweifellos Alexanders tatsächlicher Hang zu ausgedehnten Abenteuern verleitete.

Das größte Problem für Firdausi war die Tatsache, daß Alexander keine Verbindung mit dem persischen Königsgeschlecht hatte. Aus der Sicht des Dichters hatte er keinen Anspruch auf den Thron, denn er hatte keinen *farr*, keine dynastische Legitimation, wie sie nur das persische Königsgeschlecht besaß. Ohne diese konnte er nur als Thronräuber betrachtet werden. Um also die Sympathie, die der Dichter ihm entgegenbrachte, zu rechtfertigen, griff dieser zu einer List: Er erfand eine Verbindung, wo es in Wirklichkeit keine gab – und er tat das auf eine Weise, die den Griechen nicht gerade schmeichelte.

Firdausi zufolge führte der persische König Darab erfolgreich Krieg gegen Philkus, König von Rum – diese Bezeichnung benutzten die Perser seit dem Römischen Reich ohne Unterschied für Römer und für Griechen, und in diesem Fall ist Philipp von Makedonien gemeint. Als Philkus um Frieden flehte, erklärte sich Darab wohlwollend bereit, diesen zu gewähren, doch verlangte er als Gegenleistung einen jährlichen Tribut von 100 000 goldenen Eiern, von denen jedes einzelne einen Edelstein enthalten sollte – und die Hand Nahids, der Tochter des griechischen Königs. Die Prinzessin war zwar überwältigend schön, doch litt sie unter schlechtem Atem. Als es persischen Ärzten endlich gelang, sie durch einen Kräutertrank davon zu befreien, hatte Darab, der durch den Gestank krank geworden war, sie bereits verstoßen. Schließlich schickte er sie zu ihrem Vater zurück, wußte jedoch nicht, daß sie schwanger war.

Nach geraumer Zeit gebar Nahid einen gesunden Sohn, und da ihr Vater Philkus selbst keinen männlichen Erben hatte, beschloß er, seinen Enkel zu adoptieren. Der Knabe war Sikander, der später die Welt erobern sollte. Durch Firdausis Trick war er zu einem Sproß der persischen Königsfamilie geworden.

Inzwischen, so der Dichter weiter, hatte Darabs zweite Frau einen Sohn geboren, der Dara hieß. Dara erbte beim Tod seines Vaters den persischen Thron. Währenddessen war Sikander in Rum an die Macht gekommen. Aber als Dara die übliche Lieferung kostbarer Eier von Sikander forderte, weigerte dieser sich, sie zu senden, und entschied sich für Krieg.

Von da an stimmt Firdausis Bericht im wesentlichen mit der Geschichte überein. Sikander erobert Ägypten und erzielt dann zwei große Siege über die Heere Daras – historisch handelte es sich bei Dara um Dareios III. –, wodurch er Herrscher über Persien wird. König Dara selbst muß in Begleitung seiner geschrumpften Anhängerschar fliehen und wird schließlich von zweien seiner eigenen Leute getötet.

Firdausi nimmt sich die Freiheit, eine Begegnung zwischen Dara auf dem Totenbett und Sikander zu erfinden. Dabei verspricht der neue Herrscher, die Mörder Daras hinzurichten und nach persischer Tradition zu regieren. Anschließend kehrt Firdausi zu seinen griechischen Quellen zurück und beschreibt Sikanders Feldzug nach Indien, wo er eine weitere Schlacht gewinnt, indem er die Elefanten seiner Gegner mit Feuerwerkskörpern in Panik versetzt.

Firdausi schmückt sein Epos großzügig mit zahlreichen Legenden aus. So berichtet er zum Beispiel über eine Episode aus der Zeit vor dem ersten Zusammenstoß zwischen Sikander und Dara, in der sich der Angreifer als Bote verkleidet persönlich in das persische Lager begibt, um den Gegner auszuspionieren. Er muß dann um sein Leben laufen, als er erkannt wird, und nimmt auf der Flucht zwei goldene Becher mit, die dem Perserkönig gehören. Außer dem historischen Feldzug nach Indien schreibt das *Schahnameh* Sikander auch eine Reihe unglaublicher Reisen zu – nach Andalusien sowie an die Küsten des Ozeans im Westen, wo man Frauenkleider trägt und nur Fisch ißt, und schließlich noch in ein dunkles Land jenseits des Sonnenuntergangs, wo Sikander nach dem Wasser des Lebens sucht.

Firdausis Buch enthält auch Hinweise auf den frühzeitigen Tod des

Eroberers. Eine Erzählung handelt vom Besuch Sikanders in einem Königreich, in dem zwei sprechende Bäume stehen. Als Sikander sie nach der Zukunft befragt, erwidern sie, daß er Rum niemals wiedersehen, sondern in Kaschan in Zentralpersien sterben werde. Eine andere Prophezeiung erhält er auf einem Zauberberg, der von einem Drachen bewacht wird. Sikander erschlägt den Drachen, und als er den Gipfel erklimmt, findet er oben den in prachtvolle Gewänder gehüllten Leichnam eines heiligen Mannes, und eine Stimme sagt, seine Zeit sei gekommen. Er reist in die Stadt Kaschan, wo er krank wird und stirbt.

Das Reich wurde unter seinen Heerführern aufgeteilt, wobei die Seleukiden Persien erhielten *(Kasten Seite 17)*. Firdausi erzählt, daß auf Alexanders Tod eine lange Zeit der Anarchie folgte, in der es keinen persischstämmigen König der Könige gab. „So vergingen zweihundert Jahre", schreibt Firdausi, „und es schien, als gäbe es keinen König auf der Welt. Man könnte sagen, die ganze Erde ruhte."

Persische Könige im Alten Testament

Die Bibel ist eines der nichtpersischen Werke, die interessante Aufschlüsse über die frühe persische Geschichte geben.

Die Perser und ihre Geschichte spielen auch im Alten Testament eine Rolle. Im Jahre 539 v. Chr. besiegte Kyros der Große den letzten König aus der Dynastie der Chaldäer, die knapp einhundert Jahre zuvor in Mesopotamien das Neubabylonische Reich errichtet hatten. Unter Nebukadnezar hatten die Chaldäer das jüdische Königreich Juda zweimal erobert. Beim zweiten Mal, 586, war die Stadt Jerusalem weitgehend dem Erdboden gleichgemacht worden, und zahlreiche Juden wurden in die „Babylonische Gefangenschaft" verschleppt.

Für die Juden bedeutete die Ankunft der Perser die Befreiung. Kyros erließ ein Edikt, das den Verbannten die Rückkehr in ihre Heimat erlaubte, und viele machten von dieser Gelegenheit Gebrauch. Über ihre Heimkehr berichtet das Alte Testament in den Büchern Esra und Nehemia. Darüber hinaus gestattete der König ihnen, ihren Tempel in Jerusalem wiederaufzubauen.

Einige Juden blieben in den Diensten der Perser – manchmal stiegen sie sogar in höhere Positionen auf, wie etwa der Prophet Daniel. In der Geschichte über die Nacht, die er in der Löwengrube verbrachte, wird erzählt, wie es durch eine Verschwörung seiner Feinde zu dem Gottesurteil kam – und wie sehr sich der persische König, in dessen Diensten er stand, über Daniels Rettung freute. Ein anderer Jude, der bei den Persern eine wichtige Stellung innehatte, war Nehemia, ein Hofbeamter Artaxerxes' I., der für zwei Regierungsperioden nach Jerusalem entsandt wurde, um dort den Wiederaufbau der Stadtmauer zu überwachen.

Die im Buch Esther des Alten Testaments beschriebenen Ereignisse fanden ebenfalls vor dem Hintergrund der persischen Herrschaft statt. Die Geschichte erzählt, wie Ahasveros – das war der historische Xerxes I. (485–464 v. Chr.) – Esther zu seiner Königin auserwählte. Aus Dankbarkeit dafür, daß sie einen Anschlag auf die Juden Persiens vereitelt hatte, soll das Purimfest entstanden sein, das noch heute gefeiert wird.

Als Kyros 539 v. Chr. in Babylon die Macht ergriff, ließ er diese Tat in Keilschrift festhalten.

Das Erbe der großen Vergangenheit

Der letzte Teil des *Schahnameh* ist den Sassaniden-Königen gewidmet, die den vergangenen Ruhm des Persischen Reiches wiederherstellen wollten. Der Gründer der Dynastie war der König und Feldherr Ardaschir, dessen Vorfahren von niederer Herkunft waren.

Nach Sikanders Tod überspringt das *Schahnameh* mehr als ein halbes Jahrtausend persischer Geschichte. Die Seleukiden-Dynastie, die nach Alexanders Tod (323 v. Chr.) herrschte, wurde von den Parthern abgelöst. Ihnen allen widmet Firdausi nur wenige Zeilen – wobei er zugibt, daß seine Quellen außer den Namen der Herrscher nichts enthielten. Im Jahre 224 n. Chr. begann dann die Herrschaft der Sassaniden.

Doch Firdausis Sorge um die dynastische Legitimation der Herrscher bestand weiterhin. Um die Lücke zu schließen, erzählte er von einem Sohn des Dara, der von Sikander entthront worden war. Angeblich floh der Prinz nach Indien, wo er unerkannt lebte und eine Familie gründete, die das Königsgeschlecht über mehrere Generationen erhielt, obwohl die Nachkommen des Prinzen ihren Lebensunterhalt als Schäfer oder Kameltreiber verdienen mußten. Der Prinz hieß Sassan, und der Name ging jeweils auf den ältesten Sohn über.

Einer von ihnen arbeitete einst für einen reichen Mann namens Babak. Mit der Zeit stieg er zu dessen Oberaufseher der Herden auf. Eines Nachts hatte Babak einen Traum: Er sah Sassan auf einem Elefanten sitzen und die Huldigungen einer Menschenmenge entgegennehmen. Als ihm vierundzwanzig Stunden später Sassan erneut im Traum erschien, dieses Mal umgeben von heiligen Feuern, ließ er weise Männer zu sich rufen, damit sie ihm die Träume deuteten. Und ihre Worte waren: Sassan oder sein Erbe werde eines Tages die Welt regieren.

Erfreut über diese Nachricht überschüttete Babak seinen Schäfer mit Geschenken und gab ihm die eigene Tochter zur Frau. Nach geraumer Zeit bekam das Paar einen Sohn, den es Ardaschir nannte. Der Großvater war überglücklich. Er ermöglichte Ardaschir eine erstklassige Ausbildung, und dieser wuchs zu einem jungen Edelmann heran, wie man ihn sich vollkommener nicht vorstellen konnte. Nachdem man ihn an den Königshof gerufen hatte, gewann er in kurzer Zeit die Gunst des Parther-Königs Ardawan.

Ardaschir besaß den Stolz eines Prinzen. Er verlor das Wohlwollen des Königs, als er eines Tages im Verlaufe eines Streits auf einem Jagdausflug einen von Ardawans Söhnen der Lüge bezichtigte. Als Strafe für seine Unverschämtheit mußte er als Knecht in den Stallungen des Königs Dienst tun.

Ardaschirs Rache

Die unerwartete Degradierung machte Ardaschir wütend auf den Hof und seinen Herrscher. Seine Unzufriedenheit erhielt neuen Auftrieb, als er die Zuneigung der Lieblingskonkubine des Königs gewann, einer Sklavin namens Golnar. Die beiden wurden heimlich ein Liebespaar. Golnar war eine enge Vertraute des Königs – und so erfuhr Ardaschir als erster, daß Ardawan eine geheimgehaltene Mitteilung von seinen Astrologen erhalten hatte, nach der er eines Tages seinen Thron an den Jüngling verlieren werde, dem er seine Gunst entzogen habe. Die Liebenden fürchteten Ardawans Reaktion. So verließen sie den Königshof, nachdem Golnar die königliche Schatzkammer geplündert hatte.

Zu jener Zeit war der Parther-König im Land sehr unbeliebt. Nachdem sich die Nachricht von Ardaschirs Flucht verbreitet hatte, kamen Krieger von nah und fern herbei, um für ihn zu kämpfen. In Kürze hatte er ein ganzes Heer hinter sich, mit dem er zunächst Ardawans Sohn besiegte und dann den König selbst. Ardawan fiel auf dem Schlachtfeld *(Seite 118)*.

Nach Ardawans Tod war der Weg auf den Thron für Ardaschir frei. Durch eine Heirat mit der Tochter des früheren Herrschers festigte er seinen Anspruch und vereinte die feindlichen Lager. In Ktesiphon in der Nähe von Bagdad ließ er sich zum König der Könige krönen und regierte ebenso ruhmreich wie seine

Vorgänger. „Keiner konnte ihn von Guschtasp unterscheiden", behauptet Firdausi.

Mit Ardaschirs Thronbesteigung enden die Legenden des *Schahnameh*. Zwar wird die Geschichte der persischen Könige noch über weitere 400 Jahre verfolgt, doch hält sich das Werk von da an eng an die historischen Aufzeichnungen, die für jene Zeit in weit größerem Umfang zur Verfügung standen als für frühere Epochen. Jene Chroniken waren für die Sassaniden-Könige selbst geschrieben, die das Gelehrtentum förderten und Wert darauf legten, einen angemessenen Platz in der Geschichte einzunehmen.

Der Aufstieg der Sassaniden bildete einen passenden Schluß für das Epos, hatte Firdausi sein Lebenswerk doch gewissermaßen ihrem Vermächtnis gewidmet. Denn ebenso wie sie betrachtete er die persische Geschichte als Kontinuum, dessen Bindeglieder die Großtaten der persischen Könige bildeten. Und ebenso wie sie betrachtete er die heroische Vergangenheit als Kern der nationalen Identität. Die Sassaniden wollten den Ruhm der Achämeniden in gleicher Weise wiederaufleben lassen, wie Firdausi an die Taten tapferer Krieger wie Rostam, Kaj Chosrau oder Isfandiar erinnerte, um späteren Generationen ein Vorbild zu geben. Und die ungebrochene Beliebtheit des Werkes bei den Persern macht deutlich, daß ihm dies hervorragend gelungen ist.

Die Thronbesteigung Ardaschirs II. (379–383 n. Chr.) aus der Dynastie der Sassaniden. Das Relief ist bei Tagh-e Bostan in den Fels gehauen. Mithra, der ein Rutenbündel in der Hand trägt, und der Weise Herr Ahura Masda geben seiner Herrschaft den Segen.

DER ZAUBERVOGEL

Hoch oben im Elbursgebirge wohnte eines der geheimnisvollsten Geschöpfe der persischen Mythologie: Simurgh. Im *Schahnameh* schwebt sie in entscheidenden Augenblicken hinab, um Sterblichen mit ihrer Zauberkraft beizustehen: Sie rettete Zal, half bei Rostams Geburt und sagte dem Helden später, wie er Isfandiar töten könne. Doch ihre Herkunft und ihre Motive bleiben im dunkeln. Vermutlich hat sie ihren Ursprung in Saena oder Senmurv, dem Vogel, der in den Zeiten der Schöpfung auf dem Baum der vielen Samen sein Nest hatte *(Seite 29)*. Manchmal wird Simurgh auch mit dem Siegesgott Verethragna in Verbindung gebracht, der die Gestalt eines Raben annehmen konnte. Auf jeden Fall aber hat Simurgh Generationen von Künstlern als exotische Königin der Vögel beeindruckt und inspiriert.

Oben: Der exotische Bronzevogel stammt aus Chorasan, Nordostpersien (10.–11. Jh. n. Chr.). Seit alten Zeiten übten Vögel auf die Perser eine besondere Faszination aus. Der Greif war in der achämenidischen Kunst ein ebenso häufiges Motiv wie die Sphinx in der ägyptischen. So thronten Steinskulpturen von Greifen auf Säulen über Persepolis, und Roch in den Geschichten von Sindbad dem Seefahrer war ebenfalls ein Wesen der Lüfte.

Links: Simurgh war ein Lieblingsmotiv der Sassaniden, für die das Geschöpf halb Hund, halb Vogel war, wie es auf diesem versilberten Teller aus dem 7.–8. Jahrhundert zu sehen ist. In islamischer Zeit verlor Simurgh ihren Hundeanteil und wurde nur als phantastischer Vogel dargestellt.

Oben: Simurghs Einfluß reichte über die persischen Grenzen hinaus. Sie wurde mit Simargl, dem slawischen Gott der Saat und der jungen Schößlinge in Verbindung gebracht, und ihre berühmten Schwanzfedern erinnern auch an den Feuervogel der russischen Überlieferung. Diese Illustration stammt aus einer Handschrift des *Schahnameh* aus dem 18. Jahrhundert und zeigt Simurgh, wie sie Zal, den Prinzen mit den weißen Haaren, zu ihrem Horst im Elbursgebirge trägt.

Links: Eine Gipsplakette mit Simurgh, die aus Ray südlich von Teheran stammt (späte Sassaniden-Zeit, 7.–8. Jahrhundert n. Chr.). Bildwerke mit Motiven dieser Art waren häufig auf Stoffen, Schalen und Stuckverzierungen zu finden, was die Bedeutung des Vogels als Glücksbringer beweist, den der Held Isfandiar törichterweise tötete *(Seite 98)*.

LAND DER MÄRCHENERZÄHLER

Nach der Eroberung Persiens durch die Araber zwischen 633 und 651 n. Chr. wurden die göttlichen Wesen des Zoroastrismus vom neuen islamischen Glauben in den Untergrund gedrängt. Doch sie verschwanden nicht vollständig aus dem Bewußtsein des Volkes, und als *pari* und *div* traten sie in den späteren Volkssagen schließlich wieder ans Tageslicht. Die *pari* und die *div* waren allerdings bei weitem nicht die einzigen phantastischen Gestalten, die in den beim Volk so beliebten Märchen beheimatet waren. Den Mittelpunkt dieser sorgfältig gesponnenen Phantasiegeschichten mit ihren gewaltigen Riesen, machtvollen Magiern, schönen Prinzessinnen und schrecklichen Ungeheuern bildete häufig die Suche des Helden oder der Heldin nach der wahren Liebe. Die Abenteuer, die bestanden werden mußten, bis die Liebenden endlich vereint waren, gaben Anlaß zum ausführlichen Ausgestalten der Erzählungen, von denen die meisten mündlich überliefert wurden – Dichter und Chronisten widmeten ihre Kräfte lieber den Großtaten von Königen und Kriegern.

Dargeboten wurden diese Märchen und Sagen von professionellen Geschichtenerzählern, den *naqqal.* Zu dem Repertoire dieser Männer gehörten vor allem Geschichten aus Firdausis *Schahnameh,* häufig aber erzählten sie auch andere Volkssagen. Reisende im 19. Jahrhundert beschrieben sie als auffällige Gestalten, die Käppchen und kurze Fellhosen trugen und Keulen oder Äxte schwangen, wenn sie bestimmte Stellen besonders dramatisch darstellen wollten. Eine Gruppe von ihnen, die *pardehdar,* veranschaulichten die Geschichten anhand einer Bildtafel, auf der die Schlüsselepisoden gezeigt waren. Die Geschichtenerzähler waren in einer Zunft organisiert. Obmann dieser Zunft war ein Hofbeamter, der die Aufgabe hatte, dem Schah vor dem Einschlafen Geschichten zu erzählen.

Mit der Zeit sollte die Tradition des Fabulierens eine große epische Literatur hervorbringen. Dichter wie Gurgani und Nizami *(Seite 131)* verfaßten Epen höfischer Liebe, vergleichbar mit den Artusromanen, die damals gerade in Europa beliebt waren. Die schönsten fanden ihren Weg in die große Sammlung orientalischer und indischer Geschichten: *Tausendundeine Nacht.* Dieses Werk mit seinen wunderbaren Märchen hatte weltweit so großen Erfolg, daß es heute nicht nur als Teil des geistigen Vermächtnisses Persiens, sondern als kulturelles Erbe der ganzen Welt betrachtet wird.

Gegenüber: **Der Riese Zamarrad wird von Palastwächtern angegriffen. Diese Szene stammt aus dem *Hamzanameh* („Das Buch von Amir Hamza", um 1570).**

Unten: **Diese goldene Armspange aus dem Oxusschatz (etwa 5.–4. Jahrhundert v. Chr.) ist mit Greifen verziert, den wohl bekanntesten persischen Fabelwesen.**

Eintausend durchwachte Nächte

Die Geschichte der jungen Frau Scheherazade, welche die Rahmenerzählung zu den Märchen aus *Tausendundeiner Nacht* bildet, gehört zu den berühmtesten der Welt. Weniger bekannt ist, daß sie aus einem früheren persischen Werk stammt, das der Sammlung ihren Namen gab.

Die Geschichte handelt von zwei Brüdern aus der Sassaniden-Dynastie, von denen der ältere, Schahrijar, Indien und China regierte und der jüngere, Schahseman, König von Samarkand war. Zu ihrem Schrecken erfuhren beide Männer, daß ihnen ihre Frauen untreu geworden waren. Schahrijar mußte sogar mit eigenen Augen sehen, wie seine Gemahlin an einer Orgie mit Sklaven und Dienerinnen teilnahm.

Der König war so erbittert, daß er alle Frauen für verderbt hielt und auf Rache sann. Er ließ seine Frau töten und verkündete die Absicht, jeden Tag eine neue Braut zu heiraten, nur um sie bei Anbruch des folgenden Tages ebenfalls töten zu lassen.

Drei Jahre lang hielt sich Schahrijar an sein blutiges Gelöbnis, bis es in seinem Reich schließlich kaum noch geeignete junge Frauen gab. Der mit der Suche neuer Kandidatinnen beauftragte Wesir war mit seiner Weisheit am Ende, als sich Scheherazade anbot, seine eigene Tochter. Der Vater versuchte, sie davon abzubringen, aber Scheherazade hatte einen Plan.

Da sie eine begabte Geschichtenerzählerin war, wollte sie während der Hochzeitsnacht eine Geschich-

Viele Perser verdienten sich mit dem Erzählen von Geschichten ihren Lebensunterhalt. Dieses Gemälde, auf dem solch ein *naqqal* zu sehen ist, wurde vermutlich von Jani geschaffen (1684–1685).

Die Entstehung von *Tausendundeiner Nacht*

Im Vorwort zu „Tausendundeiner Nacht" heißt es, die Erzählungen seien einem „persischen Buch" zu verdanken. Freilich stammen sie zweifellos aus allen Teilen des Orients und aus Indien, ja, sie geben sogar Ereignisse aus der Bibel und der griechischen Mythologie wieder.

Textanalysen haben nur spärliche Hinweise auf die Ursprünge der Sammlung *Tausendundeine Nacht* ergeben, denn abgesehen von einer einzigen Seite aus dem 10. Jahrhundert stammt die älteste noch erhaltene Ausgabe aus dem 14. oder 15. Jahrhundert, und zwar aus Syrien. Die Geschichten sind jedoch viel älter, und nach Ansicht von Wissenschaftlern kommen die meisten aus Indien, Persien, Mesopotamien, den arabischen Ländern und Ägypten.

Der Schatz der Geschichtenerzähler war unerschöpflich und enthielt auch Geschichten aus anderen Kulturen. Viele Kritiker verweisen auf Ähnlichkeiten zwischen Sindbads Begegnung mit einem Riesen auf seiner dritten Reise und Odysseus' Flucht vor Polyphem in Homers *Odyssee*.

Die Geschichte von der frommen Israelitin und den beiden bösen Alten entspricht der Erzählung von Susannah und den Brüdern in den Apokryphen des Alten Testaments.

Die Geschichten umschließen Tausende von Jahren. In der *Geschichte von dem schiffbrüchigen Weibe* spiegelt sich das alte Ägypten wider, und die Erzählung *Die Abenteuer Bulukijas* läßt die Suche nach Unsterblichkeit erkennen, wie sie im babylonischen *Gilgamesch*-Epos beschrieben wird (um 2100 v. Chr.).

Ausschnitt aus einer Handschrift, die vermutlich von Abou Ma'Schar stammt. Schreiber halfen bei der Verbreitung der Geschichten, die in *Tausendundeiner Nacht* enthalten sind.

te erzählen, die im Morgengrauen des folgenden Tages noch nicht beendet wäre. Der König, so hoffte sie, werde so gespannt auf den Schluß sein, daß er ihre Hinrichtung verschieben werde. Diese List sollte sich als erfolgreich erweisen.

Scheherazades Rettung

Als der Tag anbrach, wollte Schahrijar tatsächlich unbedingt das Ende der Geschichte erfahren und ließ die Hinrichtung aufschieben. Wie in der ersten Nacht verfuhr Scheherazade in tausend Nächten und gebar dem König in dieser Zeit drei Söhne.

Nach der tausendsten Nacht gingen ihr schließlich die Geschichten aus. Sie führte Schahrijar die Kinder vor, warf sich selbst ihm zu Füßen und bat um Gnade. Unter Tränen erwiderte er, daß er längst beschlossen habe, ihr das Leben zu schenken, da er sie aufrichtig liebe. Scheherazades Mut und Mühe fanden also ein glückliches Ende, und sie wurde vom ganzen Volk dankbar gefeiert.

Einen Beweis dafür, daß diese denkwürdige Geschichte persischen Ursprungs ist, liefert ein arabischer Chronist aus dem 10. Jahrhundert namens al-Masoudi. Er erwähnte ein persisches Buch, das den Titel *Hazar afsaneh* („Eintausend Erzählungen") trug. Hinweise in der Geschichte selbst lassen ebenfalls einen persischen Ursprung vermuten, vor allem die Nennung der Sassaniden-Könige und die unverkennbar persischen Namen der Personen.

Insgesamt entstammen die Erzählungen unterschiedlichen Quellen. Der in der Sammlung enthaltene Beitrag Persiens ist nur einer von vielen.

Seif al-Muluks Irrfahrt

Besonders beliebt waren jene persischen Volkssagen, in denen sich ein Mann in ein liebreizendes Mädchen verliebt, das in einem fernen Land lebt und das er noch nie gesehen hat. In der Geschichte von Seif al-Muluk entwickelt sich die Suche nach ihr zu einem wahren Abenteuer.

Auf dieser Miniatur aus dem 16. Jahrhundert schauen Seeleute verwundert und erschrocken zu, wie ein Seeungeheuer unter ihrem Schiff hindurchschwimmt. Phantastische Erzählungen von Seefahrern, die in ferne, fremde Gebiete reisten, besaßen für die Perser eine ganz besondere Faszination.

Die Geschichte von Seif al-Muluk war im Orient überaus beliebt. Ein Beweis dafür findet sich in der Erzählung von *Tausendundeiner Nacht,* die ihr unmittelbar vorausgeht. Darin wird berichtet, wie ein persischer Herrscher eine Belohnung für denjenigen aussetzt, der ihm die wunderbarste jemals erfundene Geschichte bringe. Jene Geschichte war keine andere als die von Seif al-Muluk. Ein Gesandter, der sie von einem Geschichtenerzähler auf dem Marktplatz von Damaskus gehört hatte, brachte sie zum König. Dieser war so erfreut, daß er sie in Goldlettern niederschreiben ließ.

Diese Geschichte, die Scheherazade von der 758. bis zur 778. Nacht erzählt, beschreibt, wie Seif sich in die Prinzessin Badija verliebte, nachdem er ihr Porträt auf dem Futter eines Gewandes gesehen hatte – von Geistern mit Goldfäden eingewebt. Er erfuhr, daß ihr Vater König der *dschinn,* mächtiger Geister, war und daß sie in der Stadt Babel lebten. Niemand wußte, wo Babel lag, also brach Seif auf, die Stadt zu suchen.

Zuerst reiste er nach China, doch vergebens. Als nächstes versuchte er sein Glück auf den Inseln des Indischen Ozeans – Schauplatz für eine Reihe phantastischer Abenteuer. Auf einer Insel sprang ein weißbärtiger und weißgesichtiger Alter auf den Rücken eines der Begleiter Seifs, von wo er nicht mehr entfernt werden konnte. Auf einer anderen wurden die Seeleute von Ungeheuern angegriffen, deren Ohren so groß waren, daß sie sich zum Schlafen hineinwickelten. Auf einer dritten fielen sie riesigen Menschenfressern in die Hände, die Seif und drei Matrosen für exotische Vögel hielten und in Käfige sperrten.

Als die vier schließlich auf einem Floß entkamen, wurden Seifs Gefährten von riesigen Krokodilen gefressen. Von nun an war er allein; als nächstes steuerte er eine Insel mit Affen an, die ihn baten, als ihr König bei ihnen zu bleiben. Schließlich gelangte er in den Palast einer Pflegeschwester von Badija, die er aus den Klauen eines feindseligen *dschinn* rettete, welcher der Sohn des Blauen Königs war. Sie half ihm bei seiner Suche und brachte ihn in die Hauptstadt ihres Vaters, des Königs von Hind (Indien), und mit einem Zauber ließ sie Prinzessin Badija vor ihm erscheinen.

Badija verliebte sich in den jungen Freier, der so lange nach ihr gesucht hatte. Doch es blieb das Problem, die Zustimmung ihrer Eltern für eine Ehe zu erhalten, da er ein Mensch und sie ein Geist war. Es gelang Seif, die Unterstützung von Badijas Großmutter zu gewinnen, und sie besprach sein Anliegen mit ihrem Sohn. Damit waren Seifs Schwierigkeiten aber noch nicht zu Ende. Nachdem ihn Abgesandte des Blauen Königs aus dem Garten seiner Geliebten entführt hatten, warfen sie ihn ins Gefängnis, aus dem er erst befreit wurde, als Badijas Vater mit Krieg drohte. Schließlich waren die Liebenden vereint, und Seifs Wesir, der ihn auf seinen Reisen treu begleitet hatte, wurde mit Badijas Pflegeschwester vermählt. Und alle waren glücklich bis an ihr Lebensende.

Der Goldschmied und die Sängerin aus Kaschmir

Eine andere Erzählung aus „Tausendundeiner Nacht", bei der es ebenfalls um die Suche nach der Geliebten geht, handelt von einem liebeskranken Goldschmied, der sein Herz an ein Bildnis verlor.

Einst sah ein Goldschmied das Mädchen seiner Träume auf einem Wandgemälde im Hause eines Freundes. Vom Maler erfuhr er, daß das Modell eine Sängerin aus dem Harem eines Wesirs des Königs von Kaschmir war. Also reiste er nach Indien und fand bald heraus, wo sie wohnte. Auch berichtete man ihm von einer Eigenheit des Königs: daß er in ständiger Angst lebte, verhext zu werden, und deshalb regelmäßig verdächtige Hexen in einer Grube vor der Stadtmauer verhungern ließ.

Der Goldschmied beschloß, sich dieses Wissen zunutze zu machen. Er brach in den Palast des Wesirs ein, aber er entführte das Mädchen nicht, sondern schnitt mit einem Messer eine Kerbe in ihren Oberschenkel und stahl ihr Schmuckkästchen. Dann bat er den König um eine Audienz, bei der er behauptete, er sei vor dem Stadttor von Hexen überfallen worden. Er habe sie abwehren können und eine am Oberschenkel verletzt. Auf der Flucht habe jene Hexe ein Schmuckkästchen verloren, das er dem König nun zum Geschenk machen wolle.

Der König durchstöberte den Inhalt des Kästchens und fand Edelsteine, die er seinem Wesir geschenkt hatte. Dieser wußte sofort, daß die Besitzerin die Sängerin war. Der König ließ sie zu sich rufen und entdeckte die Verletzung genau an der beschriebenen Stelle. Damit war ihre Schuld bewiesen, und zur Strafe ließ er sie in die Grube werfen, wie es der Goldschmied vorhergesehen hatte. Nun war es für den Freier ein Leichtes, den Wächter zu bestechen und mit seiner Geliebten ins ferne Persien zu fliehen.

Glieder einer Halskette aus Gold und Türkisen, gefertigt in Persien (12. Jahrhundert).

Kunstvoll wie ein Perserteppich

Ein charakteristischer Kunstgriff in *Tausendundeiner Nacht* ist die Geschichte in der Geschichte. Diese Technik, die in dem gesamten Werk angewandt wird, erlaubt es, Erzählstrukturen zu schaffen, die so kompliziert sind wie das Muster eines Perserteppichs.

Die Technik von der Geschichte in der Geschichte gab es in der persischen Erzähltradition schon früh. In *Tausendundeiner Nacht* ist sie die Grundlage des gesamten Werks, denn sie gibt Scheherazade die Möglichkeit, nie zu einem Schluß zu gelangen, wodurch sie den Augenblick ihrer Hinrichtung aufschiebt.

Es gibt viele Fortsetzungsgeschichten wie jene, die von sieben Wesiren erzählt werden. Die Ausgangssituation ist folgende: Ein Prinz, der einzige Sohn seines Vaters, muß eine Woche lang schweigen, nachdem ihm ein Weiser prophezeit hat, daß Unheil über ihn kommen werde, wenn er während dieser Zeit spreche. Er wird in den Harem seines Vaters geschickt, da dieser als sicherer Ort gilt. Doch er hat das Pech, daß sich die Lieblingskonkubine des Königs in ihn verliebt. Als er sie zurückweist, rächt sie sich, indem sie seinem Vater erzählt, der junge Mann habe sie vergewaltigen wollen. Wütend befiehlt der Herrscher die Hinrichtung seines Sohnes. Seine sieben Wesire fürchten jedoch, daß er dies später bereuen und sie bestrafen werde, wenn sie den Befehl ausführten; deshalb versuchen sie, den schicksalhaften Augenblick hinauszuzögern, indem sie dem König Geschichten über die Unzuverlässigkeit von Frauen erzählen. Die Konkubine durchschaut ihren Plan und erzählt nun ihrerseits Geschichten, welche die Männer in einem schlechten Licht erscheinen lassen.

Genial ausgeklügelte Verwicklungen

Einige dieser Geschichten verfügen über eine ungemein ausgeklügelte Handlung. So wird in einer erzählt, wie ein Wüstling, der eine keusche Frau verführen will, deren Ehemann geschäftlich unterwegs ist, eine Kupplerin um Hilfe bittet. Die ältere Frau schmeichelt sich bei dem künftigen Opfer ein, und eines Tages zeigt sie ihr eine Hündin, aus deren Augen Tränen fließen – da die Alte ihr einen mit Pfeffer gewürzten Kuchen zu fressen gegeben hat. Auf die Frage, warum das Tier weine, erwidert die Alte, die Hündin sei in Wirklichkeit ein schönes Mädchen – verhext, weil es einen Liebhaber zurückgewiesen habe.

Aus Furcht vor einem ähnlichen Schicksal ist die Frau bereit, sich dem Wüstling hinzugeben. Im entscheidenden Augenblick jedoch ist er nirgends zu finden, und die Kupplerin, die sich das Geschäft nicht entgehen lassen will, spricht einen von der Reise schmutzigen Fremden auf der Straße an. Der Mann ist einverstanden, die junge Frau aufzusuchen. Entsetzt muß er feststellen, daß die Alte ihn zu seinem eigenen Haus führt – denn, wie es der Zufall will, handelt es sich um den Ehemann der Frau, der soeben von seiner Reise zurückkehrt. Als die Frau ihn kommen sieht, wendet sie die katastrophale Situation nach fieberhaftem Überlegen zu ihrem Vorteil, indem sie wütend mit den Fäusten auf ihn eintrommelt, als er das Haus betritt: Er sei also in die Falle gegangen, die sie ihm gestellt habe – der unumstößliche Beweis dafür, daß er leichte Mädchen aufsuche!

Die Geschichtenparade endet am achten Tag, als der Prinz endlich wieder reden darf und sagen kann, daß er unschuldig ist. Der Kreis schließt sich, und alles nimmt ein glückliches Ende, nachdem der junge Mann seine Weisheit in einer Reihe eigener vorbildlicher Geschichten dargelegt und um Vergebung für die treulose Konkubine gebeten hat. Der alte König begnügt sich damit, sie fortzuschicken, und dankt ergriffen zugunsten seines Sohnes ab, der Edelmut und Unschuld in der gegen ihn erhobenen Anklage so erfolgreich bewiesen hat.

Dieser Teppich aus Wolle und Seide wurde in Isfahan geknüpft. Die kunstvollen und komplexen Entwürfe solcher Teppiche spiegeln die Freude der Perser an vielschichtigen Formen wider, welche auch die literarischen Werke prägt.

Prinz Achmed und die Fee Banu

Die Feen der persischen Volkssagen – die *pari* – waren reich, schön und unsterblich. Sie lebten in einer zwar verborgenen, doch den Menschen nahen Welt. Die Verbindung zwischen beiden war selten unproblematisch – doch die folgende Geschichte nimmt ein glückliches Ende.

Ein alter Sultan hatte einst drei Söhne und eine liebreizende Nichte, Nur en-Nahar, die alle drei gern zur Frau haben wollten. Der Sultan verkündete, daß alle drei in die Welt ziehen und jener das Mädchen heiraten dürfe, der mit dem größten Wunder zurückkehre.

Nach einem Jahr trafen sich die Brüder, um ihre Entdeckungen zu vergleichen. Der älteste Bruder hatte einen fliegenden Teppich erworben. Der mittlere hatte ein Rohr mitgebracht, durch das man all das sehen konnte, was man wünschte. Und der jüngste hatte einen Apfel, der jede Krankheit heilen konnte.

Als einer der Prinzen das Rohr nahm, um herauszufinden, was Nur en-Nahar gerade tat, erschrak er – denn er sah, daß sie sterbenskrank daniederlag. Sofort beschlossen die drei, ihr zu helfen. Der fliegende Teppich brachte sie im Nu zu ihr, und der Apfel machte sie gesund. Doch dies brachte den Vater nun in eine schwierige Lage, denn alle drei Erwerbungen waren für Nur en-Nahars Gesundung gleich wichtig gewesen. Um zu einer Entscheidung zu kommen, schlug er vor, derjenige möge der Gewinner sein, der einen Pfeil am weitesten schießen könne. Die Brüder schossen ihre Pfeile ab, und Achmeds Pfeil flog so weit, daß er nicht mehr zu sehen war. Er wurde disqualifiziert, und der mittlere Bruder erhielt Nur en-Nahars Hand.

Verzweifelt machte sich Achmed in die Richtung auf, in die sein Pfeil geflogen war. Nach einigen Stunden – weit jenseits der Reichweite jedes Pfeils – fand er den Schaft, der am Fuße eines Hügels im Boden steckte. Als Achmed sich umschaute, entdeckte er eine Eisentür, die in ein Zauberreich glitzernder Edelsteine führte. Dort wohnte Banu, die Feenprinzessin.

Achmed erkannte, daß Banu den Pfeil bis an die Schwelle ihres Palastes getragen hatte und ihn, wie sie zugab, liebte. Angesichts der Schönheit Banus vergaß Achmed Nur en-Nahar und blieb gern bei der Fee in ihrem juwelenglänzenden unterirdischen Reich.

Dort lebten sie glücklich einige Monate lang, bis Achmed schließlich unruhig wurde und seinen Vater

Als der Pfeil nicht mehr zu sehen war, wurde Achmed vom Wettbewerb, den sein Vater angesetzt hatte, ausgeschlossen. Doch seine Neugier war so groß, daß er dem Pfeil folgte und schließlich zu der schönen Fee Banu gelangte. Dieses Porträt eines Bogenschützen stammt aus einem Miniaturgemälde (17. Jahrhundert).

wiedersehen wollte. Banu versuchte, ihn zum Bleiben zu überreden, denn sie wußte, daß Kontakte zwischen der Welt der Menschen und der Welt der Geister selten glücklich endeten. Aber Achmed beharrte darauf, und die ersten Besuche verliefen auch gut. Doch dann wandte sich der Sultan, der das Geheimnis seines Sohnes lüften wollte, an eine Zauberin, die die Gefühle des Sultans für seinen Sohn vergiftete. Als sie von der Liebe Achmeds erfuhr, schlug sie vor, ihm unlösbare Aufgaben zu stellen. Als erstes bat der Vater den Sohn um ein Zelt, das so klein war, daß es in der Hand eines Mannes Platz hatte, aber, wenn man es aufschlug, groß genug, um einem ganzen Heer Zuflucht zu gewähren. Dann wünschte er ein Fläschchen mit Wasser, das alle Krankheiten heilte. Mit Banus Hilfe erfüllte Achmed beide Aufgaben, aber sein Vater bat um ein drittes Wunder: Er forderte einen Mann, der so groß war wie ein Schemel, einen Bart hatte, der zwanzigmal länger war als er selbst, und der eine Eisenstange trug, die eine Vierteltonne wog.

Achmed fühlte sich außerstande, diese Aufgabe zu erfüllen, aber Banu verriet ihm, jenes Wesen sei ihr Bruder, ein mächtiger *dschinn* namens Schaibar. Dieser war bereit, dem Geliebten seiner Schwester zu helfen, doch tat er das auf seine Art – indem er den König, dessen Ratgeber und die böse Zauberin tötete. Dann brachte er die verängstigten Überlebenden dazu, Achmed auf den Thron zu setzen und Banu zur Königin zu machen. Das ungleiche Paar regierte das Reich viele Jahre lang mit Klugheit und Weisheit.

Von Hexen und Feen

Die „pari" der persischen Überlieferung waren Feen, die in verzauberten Palästen wohnten und sich nur von süßen Düften ernährten. Ihr Ursprung war jedoch alles andere als verlockend.

Die *pari* gehen vermutlich auf die *pairaka* des *Awesta* zurück, hexenartige Geister, die sich in liebreizende Jungfrauen verwandelten, um Männer auf Abwege zu führen. Als die alte Religion vom Islam abgelöst wurde, durchliefen jene abstoßenden alten Weiber eine bemerkenswerte Wandlung und tauchten in den Volksmärchen ohne ihre finsteren Wesenszüge wieder auf.

Später galten die *pari* als gütige Wesen, die ausschließlich aus dem Element des Feuers entstanden waren. Orthodoxe Muslime sahen in ihnen gefallene Engel, und als solche gehörten sie weder zu den Menschen noch zu den Göttern. Ihr bösartiges Gegenstück hatten sie in den *div,* Geistern des Bösen, von denen sie unaufhörlich belästigt wurden. Eine der Lieblingsbeschäftigungen der *div* war es, *pari* zu fangen und in Eisenkäfige zu sperren, die sie in Bäume hängten.

Im *Awesta* ist von bösen Geistern die Rede, die in Gestalt schöner Mädchen Männer verführten. In späteren Volkssagen wurden diese Geister zu gütigen Feen – wie jene auf dieser persischen Miniatur, die einen Prinzen unterhalten (16. Jh.).

Die neidischen Schwestern

Dieses Märchen, dessen Urtext verloren ist und das nur durch die französische Übersetzung Antoine Gallands erhalten blieb, beschreibt in einer zwei Generationen umspannenden zauberhaften Geschichte das Leid und die Erlösung einer untadeligen Königin.

Obwohl die Geschichte von den neidischen Schwestern in der ersten westlichen Übersetzung von *Tausendundeiner Nacht* enthalten ist, die der Franzose Antoine Galland zwischen 1704 und 1717 veröffentlichte, befindet sie sich nicht in dem arabischen Manuskript, das er als Vorlage benutzte. Galland behauptete, er habe sie von Hanna Diab gehört, einem Syrer, der zu jener Zeit in Paris gewesen sein soll. Auch für andere Geschichten, wie die von Aladdin und Ali Baba, gab Galland als Quelle Hanna Diab an.

Die Geschichte geht so: In ferner Vergangenheit lebte Chosrau Schah, Sultan von Persien, der gern verkleidet durch die Straßen seiner Hauptstadt spazierte. Als er eines Abends unterwegs war, hörte er zufällig einen Streit zwischen drei Schwestern. Eine von ihnen sagte, sie träume davon, den Bäcker des Sultans zu heiraten, die zweite wollte den Küchenmeister und die dritte und jüngste gar den Sultan selbst zum Gatten. Der Sultan war so amüsiert, daß er diese Wünsche zu erfüllen beschloß, und befahl seinem Wesir, drei Hochzeiten vorzubereiten.

Die jüngste Schwester erwies sich als hervorragende Ehefrau, und nach geraumer Zeit gebar sie dem Herrscher einen gesunden Sohn. Die beiden älteren Schwestern neideten der jüngeren jedoch die höhere Stellung und sannen auf Rache. Sie nahmen den schlafenden Säugling aus der Wiege, legten ihn in einen Korb und setzten ihn auf einem Kanal nahe dem Palast aus. Dann sagten sie dem Sultan, seine Frau habe kein Menschenkind, sondern einen Hund geboren.

Die Königin wurde noch zweimal schwanger, und jedesmal raubten die Schwestern das Kind. Schließlich verlor der Sultan die Geduld und beschloß, seine Frau, die ihm nur Monster gebar, zu bestrafen. Er befahl, sie vor dem Tor der Moschee in einem Holzkäfig mit Eisenstäben einzusperren, und die Gläubigen sollten sie beim Betreten des Gebäudes anspucken.

Die Schwestern dachten, ihr Sieg sei nun vollkommen. Doch sie ahnten nicht, daß die drei geraubten Kinder vom Verwalter der Gärten, einem vom Sultan sehr geschätzten Emir, gerettet worden waren. Der

Zwei Prinzessinnen gehen in einem persischen Garten zwischen Obstbäumen und Zypressen spazieren (Miniatur von etwa 1558).

Emir und seine Frau hatten die beiden Knaben und das Mädchen als ihre Erben aufgenommen, die sie sich immer ersehnt hatten.

Als die drei heranwuchsen, brachte sie der Emir auf ein großes Anwesen außerhalb der Hauptstadt, das sie nach dem Tod ihres Ziehvaters rechtmäßig erbten. Die Knaben, aus denen inzwischen junge Männer geworden waren, verbrachten ihre Tage mit der Jagd. Als sie eines Tages unterwegs waren, lud Parisad, das Mädchen, eine alte Muslimin ins Haus ein, die um Einlaß ersucht hatte, damit sie ihre Gebete angemessen verrichten könne. Die Besucherin beglückwünschte Parisad zu der Schönheit des Anwesens; doch sie meinte, daß drei Dinge fehlten: der Sprechende Vogel, der Singende Baum und das Goldene Wasser. Parisad fragte die Alte, wo diese Wunder zu finden seien, und die Frau antwortete ihr, sie lägen weit entfernt an der Grenze zu Indien.

Parisads Brüder beschlossen, sich sofort auf die Suche zu machen, aber der Weg erwies sich als gefährlich. Er führte zu einem alten Derwisch, dem das Haar bis zu den Füßen hinabreichte. Als der ältere Bruder dort ankam, schickte der Mann ihn zu einem Berg, wo er die gewünschten Dinge finden werde. Am Fuße dieses Berges lägen jedoch riesige Haufen aus schwarzen Steinen. Diese müsse er durchqueren, ohne nach rechts oder links zu schauen, auch wenn er Stimmen höre, die nach ihm riefen.

Der Prinz tat sein Bestes, um den Rat des Mannes zu befolgen, aber als er zwischen den geheimnisvollen schwarzen Steinen hindurchschritt, hörte er merkwürdige Angstschreie und mußte flüchtig zur Seite schauen. Augenblicklich wurde er selbst zu Stein. Kurz darauf ereilte den jüngeren Bruder dasselbe Schicksal. Nun war Parisad an der Reihe. Ihr glückte, was ihren Brüdern nicht gelungen war: Sie holte die wunderbaren Dinge vom Berggipfel herunter, und auf dem Rückweg erweckte sie ihre Brüder und die anderen Steine wieder zum Leben, indem sie Tropfen des Goldenen Wassers auf sie sprengte.

Nach geraumer Zeit hörte der Sultan von den Wundern und wünschte, sie zu sehen. Er war beeindruckt von allen dreien, besonders vom Goldenen Wasser, wovon ein einziger Tropfen genügte, um einen herrlichen Springbrunnen entstehen zu lassen. Überrascht war er auch von dem Mahl, das ihm gereicht wurde und dessen Zierstück eine Gurke bildete, die Parisad auf Anraten des Sprechenden Vogels mit Perlen gefüllt hatte. Als der Herrscher sagte, er habe so etwas Seltsames noch nie gesehen, fragte ihn der Vogel, ob es etwas Seltsameres gebe als die Vorstellung, eine Frau könne drei Monster gebären.

Der Sultan hörte gebannt zu. Der Wundervogel enthüllte daraufhin die wahre Identität der drei Gastgeber und das Unrecht, das so viele Jahre zuvor geschehen war. Nach diesen Enthüllungen wurden Mutter und Kinder wieder vereint, und die Frau erhielt ihre alte Stellung zurück. Die neidischen Schwestern aber wurden auf der Stelle getötet – als Sühne für das Unheil, das sie angerichtet hatten.

Ein bronzener Weihrauchbehälter in Form eines Vogels (aus Chorasan, Nordostpersien, etwa 12. Jahrhundert). Ein sprechender Vogel war es, der dem Sultan die Intrigen enthüllte, durch die er seiner Frau und seiner Kinder beraubt worden war.

Die verwandelte Braut

Die Geschichte über Hassan von Basra und seine Abenteuer gehört zu den bekanntesten aus *Tausendundeiner Nacht.* Sie ist ein Beispiel für zwei typische Motive der späteren persischen Sagen: Die verwandelte Braut und zoroastrische Priester als Zauberer und Schurken.

Die Geschichte über Hassan von Basra ist ein Märchen, das sämtliche Elemente einer klassischen Erzählung aus *Tausendundeiner Nacht* enthält. Sie berichtet von Zauberern, Entführungen, verwunschenen Inseln, Prinzessinnen in entlegenen Schlössern und einer Heldin, die gerettet wird.

Hassan ist ein Kaufmann aus der Stadt Basra, die nah am Persischen Golf liegt. Die Abenteuer, die Hassan auf der Suche nach Reichtum und Liebe erlebt, haben gewiß ihr Vorbild in den Geschichten, die orientalische Händler von ihren ausgedehnten Handelsreisen in ferne Länder mitgebracht hatten.

Es wird erzählt, wie der Goldschmied Hassan eines Tages an seinem Stand auf dem Basar von Basra Besuch von einem geheimnisvollen Fremden erhielt. Der Fremde – ein Perser – behauptete, er könne Kupfer in Gold umwandeln, und gab Hassan einen überzeugenden Beweis seiner alchimistischen Künste. Es stellte sich heraus, daß er ein Magier war, einer jener alten zoroastrischen Priester, die das Feuer verehrten und in der Vorstellung des Volkes nach dem Einzug des Islam zu bösen Zauberern geworden waren. Damit sein Zauber jedoch wirke, so meinte der Fremde, müsse er alljährlich einen Muslim töten, und in jenem Jahr sei Hassan das auserwählte Opfer.

Also wurde Hassan betäubt und an Bord eines Schiffes gebracht. Als der Zauberer an Land ging, um ein Kraut zu suchen, das er für die Umwandlung von Kupfer in Gold brauchte, konnte Hassan fliehen. Erschöpft und hungrig gelangte er nach einer Weile zu einem Palast, in dem sieben Prinzessinnen von ihrem Vater alleingelassen worden waren. Die Prinzessinnen freuten sich über den Gefährten und behielten ihn ein Jahr lang bei sich. Am Ende des Jahres kam ihr Vater, um sie zu einem Hochzeitsfest abzuholen.

Aus Angst vor Strafe hatten die Mädchen Hassan versteckt gehalten, und als sie zu der Hochzeit aufbrachen, erlaubten sie ihm, sich frei im Palast zu bewegen – unter einer Bedingung: Er dürfe einen bestimmten Raum nicht betreten, dessen Geheimnis sie ihm aber nicht verraten wollten.

Hassans Neugierde war geweckt, und schon bald mißachtete er die Anweisung der Prinzessinnen. Er ging in den entfernten Winkel des Palastes zu je-

Als Hassan dem Alchimisten begegnete, war er erstaunt über dessen Fähigkeit, Kupfer in Gold zu verwandeln – aber auch entsetzt über seine bösen Absichten. Diese Büste aus Gold stammt aus Nordostpersien (5.–4. Jahrhundert v. Chr.).

Wenn *pari* die Gestalt von Vögeln annahmen, konnten sie überallhin fliegen. Aber als Hassan die Federn seiner Geliebten geraubt hatte, war sie ihm auf Gedeih und Verderb ausgeliefert (Ausschnitt aus einer persischen Miniatur, um 1480).

nem verbotenen Zimmer und fand die Tür unverschlossen. Als er sie öffnete, stand er am unteren Ende einer hohen Wendeltreppe, die ihn auf einen herrlichen Dachgarten hinaufführte. Dort sah er eine Gruppe feenhafter Mädchen, die in einem Teich badeten. Ein flüchtiger Blick genügte – und schon hatte er sich in das schönste Mädchen verliebt.

Als die Prinzessinnen zurückkehrten, bemerkten sie Hassans Verwirrung und errieten sofort, was geschehen war. Sie sagten ihm, daß seine Geliebte eine *pari* sei *(Seite 119),* die Tochter eines *dschinn*-Königs, die an jedem Neumond zu dem Teich komme.

Hassan wollte sie erneut treffen. Als die festgelegte Stunde nahte, machte er sich bereit und wartete. Erstaunt sah er, wie sich die Mädchen als Vogelschar auf dem Dach niederließen. Nachdem sie zum Baden ihre Federn abgelegt und menschliche Gestalt angenommen hatten, schlich er heran und versteckte das kostbare Gefieder seiner Geliebten, wodurch er ihr den Rückweg versperrte. Als die anderen gegangen waren, blieb sie allein zurück, und Hassan erschien vor ihr und gestand ihr seine Liebe. Nach langem Zögern willigte sie schließlich ein, ihn zu heiraten.

Eine Zeitlang blieb das Paar bei den Prinzessinnen in deren Palast, und die Vogelfrau gebar Hassan zwei Kinder. Aber schließlich bekam Hassan Heimweh und beschloß, nach Basra zu reisen, um seine Mutter wiederzusehen. Nachdem er den Prinzessinnen versprochen hatte zurückzukehren, brach er mit seiner Frau und den Kindern auf und kam sicher in Basra an. Hassans Mutter, die ihren Sohn tot geglaubt hatte, war außer sich vor Freude, und die ganze Familie war glücklich wieder vereint.

Als die Zeit gekommen war, da Hassan zu den Prinzessinnen zurückkehren mußte, ließ er seine Familie bei der Mutter zurück. Er enthüllte ihr das Geheimnis um seine Frau und wies sie an, ihr Federkleid sorgfältig versteckt zu halten. Doch gelang es der Frau, ihre Schwiegermutter zu überlisten, und nachdem sie die Federn angelegt hatte, verwandelte sie sich wieder in einen Vogel und flog mit den Kindern im Gefieder davon. Aus der Luft rief sie ihrer Schwiegermutter noch zu: Wenn Hassan sie wiedersehen wolle, so könne er sie auf den Wak-Wak-Inseln finden.

Also mußte Hassan, der über den Verlust untröstlich war, erneut auf Reisen gehen. Mit Hilfe der sieben Prinzessinnen und deren Onkel, einem freundlichen Zauberer, gelang es ihm schließlich, die Inseln zu finden. Nach zahlreichen Abenteuern, in denen seine Frau nur knapp dem Tod entkam, indem Hassan sie mit einem Zauberstab und einer Tarnkappe rettete, konnte das Paar in die „Berge der Wolken“ fliehen. Sie reisten weiter nach Bagdad, wo sie sich im Haus von Hassans Mutter niederließen und zufrieden lebten. Die *pari* schob den Gedanken, ihr Federkleid wieder anzulegen, für immer beiseite.

Mit ihren Zauberern, Prinzessinnen, unglaublichen Reisen und erotischen Themen ist Hassans Geschichte eine typische *samar.* Das waren Geschichten, die den Leuten abends erzählt wurden, um ihnen nach getaner Arbeit die Mußestunden zu versüßen. Die Einteilung in Episoden und die spannende Handlung lassen die Anforderungen an den professionellen Erzähler erkennen, der stets neue Reize bieten mußte, damit ihm die Aufmerksamkeit des Publikums erhalten blieb.

Sänger von Liebe und Leid

Nachdem im 7. und 8. Jahrhundert die arabische Kultur Persien beherrscht hatte, begann ein Wiedererstarken persischen Geisteslebens, in dem einheimische und arabische Elemente zusammenflossen. Ihren schönsten Ausdruck fand die neue Blüte in der höfischen Liebesdichtung.

Die Tradition der höfischen Liebesdichtung blickt in Persien auf eine lange Tradition zurück. Im 4. Jahrhundert v. Chr. soll Chares von Mytilene, ein griechischer Reisender, gehört haben, wie Perser die Liebesgeschichte von Zariadres und Odatis sangen, die 1300 Jahre später im *Schahnameh* nacherzählt wurde. Eine der Lieblingsfrauen des Sassaniden-Königs Bahram V. – bekannt als Bahram Gur –, der im 5. Jahrhundert n. Chr. regierte, war eine griechische Sklavin, die sang und Harfe spielte und ihn häufig auf seinen Jagdausflügen begleitete. Dieser König soll einst einen indischen König gebeten haben, ihm zehntausend Musiker und Musikerinnen samt ihren Instrumenten zu schicken.

Das Repertoire vieler Dichter bildeten traditionelle Lieder und Epen, aber es gab auch einige, die eigene Werke verfaßten. Einer von ihnen war Rudaki (gestorben 940 n. Chr.), der bereits zu Lebzeiten als „König der Dichter" gefeiert wurde und noch heute als erster großer Autor gilt, der auf neupersisch dichtete. Vermutlich war er blind und trug seine Dichtungen zu Harfen- oder Lautenmusik vor.

Dichter, die vor dem König und seinem Hofstaat auftraten und deren Lieder meist von der Liebe handelten, wurden *ramischgar* oder *chunijagar* genannt. Die Stellung des Hofsängers war hart umkämpft, wie die Geschichte von Barbad zeigt *(Kasten gegenüber)*. Ihnen kommt das Verdienst zu, das höfische Liebes-Epos zu einer Blüte geführt zu haben, die einen nachhaltigen Einfluß auf die persische Literatur ausübte.

Das erste große Liebes-Epos ist *Vis und Ramin,* das der Dichter Gurgani um das Jahr 1050 n. Chr. niederschrieb. Zu jener Zeit eroberten die Seldschuken gerade Persien, und Gurgani widmete sein Gedicht dem Seldschuken-Herrscher von Isfahan. Sein Werk beruhte offenbar auf einer älteren Version aus der Sassaniden-Zeit. Gurganis Auftraggeber bat, „die Geschichte zu verschönern, wie es der April mit dem Garten tut".

Die Dichter pflegten sowohl traditionelle Lieder und Epen als auch eigene Werke vorzusingen, ähnlich wie Minnesänger und Troubadoure im Europa des Mittelalters. Diese Darstellung entstammt einer Handschrift aus dem 15. Jahrhundert.

Nach Gurganis Version verliebte sich Mubad Manikan, König von Merv – dem heutigen Turkmenistan an der Nordostgrenze des Iran – in Schahru, Königin von Mah, dem alten Land der Meder in Westpersien. Sie wies seine Werbung mit der Begründung zurück, sie sei bereits verheiratet und habe einen Sohn, Viru. Mubad ließ jedoch ein Nein als Antwort nicht gelten, und Schahru mußte ihm mit einem schriftlich niedergelegten Eid schwören, sollte sie jemals eine Tochter gebären, werde sie ihm diese zur Frau geben.

Als Schahru jenes Versprechen gab, hielt sie sich für zu alt, um ein weiteres Kind zu bekommen, aber zu ihrer Überraschung gebar sie später tatsächlich noch ein Mädchen, das sie Vis nannte. Das Kind wurde in die Obhut einer Amme gegeben, die es in ihre Heimat Chusistan am Persischen Golf mitnahm. Wie es das

Barbad wird Hofsänger

Das „Schahnameh" erzählt von der List, zu der ein Dichter griff, um die begehrte Position des Ersten Hofsängers zu erlangen.

Der Sassaniden-König Chosrau II. Parwis *(Seite 19 und 130)* war als Kunstliebhaber bekannt. Die Kunde von seiner Großzügigkeit drang auch zu Barbad, einem begabten Dichter, der am Königshof sein Glück versuchen wollte. Bei der Ankunft mußte er jedoch erfahren, daß der König bereits einen Hofsänger namens Sarkasch hatte.

Barbad hörte Sarkasch und wußte, daß seine eigene Begabung größer war, doch sah er keine Möglichkeit, dem König sein Können zu beweisen. Schließlich freundete er sich mit einem der Hofgärtner an und ersann einen Plan: Er kleidete sich vollständig in grüne Gewänder, ließ sich in die königlichen Gärten einschmuggeln, versteckte sich in der Krone eines Baumes und wartete dort auf Chosrau. Als sich die königliche Gesellschaft näherte, spielte und sang er in seinem Versteck so schön, daß die Spaziergänger verharrten und mit offenem Munde zuhörten. Der König war entzückt und versprach, den Schoß des unsichtbaren Sängers mit Edelsteinen zu füllen, wenn er sich zu erkennen gebe.

Barbad kletterte vom Baum herunter, verneigte sich und sagte zu dem König, er sei sein ergebener Diener, und es sei sein einziger Wunsch, für ihn zu singen.

Der Plan glückte, und von jenem Tag an nahm Barbad Sarkaschs Platz ein. Im Laufe der Zeit erlangte er als „König der Hofsänger" ewigen Ruhm.

Schicksal wollte, zog die Amme auch König Mubads jüngeren Bruder auf, der Ramin hieß. Vis und Ramin wuchsen miteinander auf, und als ihre Kindheit vorüber war, wurden sie zu ihren Eltern zurückgeschickt.

Unterdessen war Vis zu einer solchen Schönheit herangewachsen, daß ihre Mutter nur einen Mann für würdig hielt, sie zu heiraten: den eigenen Bruder, Viru. Und so wurden die Geschwister verheiratet, und man gab ihnen zu Ehren ein prächtiges Fest. Die Feier wurde jedoch gestört, als Zard – Mubads Halbbruder – erschien, um Schahru an ihr Versprechen von einst zu erinnern. Als Vis sich weigerte, Viru zu verlassen, beschloß Mubad in seinem Zorn, sein Heer gen Mah zu schicken, um sein Recht einzufordern.

Beide Gegner baten ihre Verbündeten um Hilfe, Mubad die Herrscher im Osten und Viru die im Westen Persiens. Als die Heere schließlich aufeinanderstießen, wurden Mubads Mannen zwar geschlagen, doch Virus Vater, ein berühmter Krieger, war gefallen. Trotz des Sieges fand Viru keine Ruhe, denn im Norden bedrohten andere Feinde sein Reich. Mubad, der sich diesen Umstand zunutze machte, führte seine Truppen zum Schloß, in das sich Schahru und Vis geflüchtet hatten. Dort erinnerte er Schahru zunächst an den Eid, den sie vor Gott geschworen hatte, und dann überschüttete er sie mit kostbaren Geschenken, so daß sie schließlich einlenkte und ihm Vis übergab. Frohlockend ritt er mit seiner Braut nach Merv zurück.

Doch als Ramin die Prinzessin, die Gespielin seiner Kindheit, erblickte, verliebte er sich sofort in sie. In der Amme der beiden fand er eine Verbündete, die nun nach Merv eilte, um ihre früheren Zöglinge wiederzusehen. Wie die Amme in Romeo und Julia sollte sie in der nun folgenden Verkettung von Ereignissen eine wichtige Rolle spielen. Denn sie besaß Zauberkräfte, und auf Vis' Geheiß setzte sie diese ein, um dem alten König die Manneskraft zu nehmen. Gleichzeitig bat Ramin sie, als Vermittlerin zu tätig zu werden und ein Treffen zwischen ihm und Vis zu ermöglichen.

Dieser Betrug war erst der Anfang einer Beziehung, die im weiteren von Leidenschaft, Eifersucht und Verrat geprägt war. Dreimal entkamen die Verliebten aus Mubads Palast, doch jedesmal fand sich Vis bei ihrem Gemahl wieder. Der König raste vor Eifersucht, brachte es aber dennoch nicht über sich, seinen Bruder oder die Frau umzubringen, die er so liebte. Statt dessen wollte er Vis vor Ramin verstecken, aber alle Versuche, sie von ihm zu trennen, schlugen fehl.

Das Drama erreichte seinen Höhepunkt bei einem Hofbankett, als ein Dichter ein Lied vortrug, das auf die Liebe zwischen Vis und Ramin anspielte. Der König verlor die Beherrschung und versuchte, den Rivalen zu erdolchen. Ramin aber warf ihn zu Boden und entkam. Doch wegen der Kränkung, die er dem König zugefügt hatte, plagten ihn Schuldgefühle. Ein Ratgeber des Königs, der ihn aufsuchte, legte ihm nahe, Merv zu verlassen und Vis zu vergessen, und Ramin rang sich dazu durch, der Vernunft zu gehorchen. Mubad bestärkte ihn darin noch, indem er ihn als Statthalter in einer entlegenen Provinz im Westen einsetzte.

Dort fand Ramin eine neue Liebe, eine Parther-Prinzessin namens Gul, und heiratete sie. Doch die alte Leidenschaft wurde durch zehn Briefe von Vis neu entfacht. Und als er einen Strauß Veilchen erhielt, wie

Dieses Wandgemälde aus dem 19. Jahrhundert zeigt heilige muslimische Frauen in langen Gewändern, deren Gesichter hinter Schleiern verborgen sind. Ramin erlangte in derart verhüllender Kleidung Zutritt zu dem Palast, in dem Vis wohnte.

Die zoroastrische Tradition verbietet, die Toten zu beerdigen, weil der Boden – eines der sieben reinen Elemente – beschmutzt werden könnte. Statt dessen wurden sie in „Türme des Schweigens" gebracht, wie diese in Jasd, Zentralpersien.

er ihn einst von Vis mit den Worten „Bewahre ihn stets als Erinnerung an mich auf" bekommen hatte, beschloß Ramin, nach Merv zurückzukehren.

Bei seiner Ankunft wollte Vis ihn zunächst nicht sehen, um ihn für seine Untreue zu strafen. Erst als er nach einigen Tagen mit gebrochenem Herzen wieder fortreiten wollte, war sie bereit, sich mit ihm auszusöhnen. Erneut wurden die beiden ein Liebespaar.

Nichtsahnend hieß Mubad seinen Bruder willkommen. Aber da er fürchtete, die alte Liebe zwischen Vis und Ramin könnte wieder aufflammen, drang er kurze Zeit später darauf, daß Ramin ihn auf einem Jagdausflug begleite. In ihrer Verzweiflung, so bald schon wieder getrennt zu werden, beschlossen die Liebenden, sich etwas einfallen zu lassen.

Mubad und Ramin brachen auf, aber schon bald schlich Ramin im Schutz der Nacht nach Merv zurück. Er verhüllte sich mit einem langen Frauengewand, verbarg sein Gesicht hinter einem Schleier und erlangte so Zutritt zum Königspalast. Dort überwältigten er und seine Mannen die Garde des Königs und töteten alle, auch Ramins Halbbruder Zard. Dann plünderten Ramin und Vis die königliche Schatzkammer und ritten davon, um im Westen ein neues Leben zu beginnen.

Als Mubad von diesem Verrat erfuhr, meinte er, der Himmel über ihm stürze ein. Eine Woche lang sprach er mit niemandem. Dann schickte er Soldaten auf die Suche nach den Flüchtigen. Aber das Schicksal war ihm nicht wohlgesinnt. Als die Truppen ihr Nachtlager aufschlugen, stürmte ein wilder Eber heran. Der König sprang auf sein Pferd, um ihm mutig entgegenzutreten, aber das Tier griff ihn an, brachte das Pferd zu Fall und tötete den König.

Und so wurde Ramin völlig überraschend König von Merv. Er bestieg den Thron mit Vis an seiner Seite. Gemeinsam und gerecht regierten sie viele Jahrzehnte lang, und wie Gurgani behauptete, gab es in jener Zeit in ihrem Königreich nur drei Dinge, die knapp waren: Ärger, Schmerz und Trauer.

Als Vis starb und ihrem Gemahl zwei Kinder hinterließ, baute Ramin in seinem Kummer einen „Turm des Schweigens" für ihren Leichnam. Dann übergab er seinem ältesten Sohn den Thron und verbrachte die ihm verbleibenden Erdentage neben dem Turm. Dort starb er, und sein Leichnam wurde neben seiner geliebten Gemahlin zur letzten Ruhe gebettet. Gurgani beschließt sein Werk mit den Worten: „Und im Himmel wurden jene beiden standhaften Seelen erneut als Braut und Bräutigam vereint."

Wie das Schachspiel nach Persien kam

Gemäß einer von Firdausi wiedergegebenen Überlieferung kam das „königliche Spiel" in Form einer Herausforderung des indischen Königs nach Persien. Mit seinen schier endlosen Spielvarianten wurde es schon bald zu einer Lieblingsbeschäftigung am Königshof.

Zur Zeit der Herrschaft des berühmten Königs Chosrau I., den seine Untertanen unter dem Namen Anuschirwan („Der mit der unsterblichen Seele") kannten, kam eine Gesandtschaft des indischen Herrschers aus der glanzvollen Gupta-Dynastie an den persischen Hof, wo sie mit gebührendem Prunk empfangen wurde. Die Inder brachten wahrhaft angemessene Geschenke mit: Elefanten, die *howdahs* – überdachte Sänften – trugen, Reiter in herrlichen Gewändern und nicht weniger als tausend Kamele, die mit Geschenken beladen waren, darunter Moschus, Bernstein, Aloe, verzierte Schmuckkästchen, damaszierte Krummsäbel sowie Sonnenschirme, die raffiniert mit Edelsteinen und Gold verarbeitet waren.

Zuletzt wurde ein ganz außergewöhnliches Geschenk präsentiert, das man in Persien noch nicht gesehen hatte: ein viereckiges Brett mit hellen und dunklen Quadraten, zu dem kleine Figuren gehörten, die aus Elfenbein oder Teakholz geschnitzt waren. Der persische König wartete nun gespannt darauf, daß ihm der Gesandte den Zweck dieses Geschenks erkläre. Aber nichts dergleichen geschah. Statt dessen forderte der Inder ihn heraus – scherzhaft zwar, doch mit einer Botschaft von großer Bedeutung. „Mögest du so lange leben, wie der Himmel besteht!" waren seine ersten demütigen Worte, doch was dann folgte, war alles andere als ehrerbietig. Sein Herr, der indische König, wünsche, daß der persische König die größten Denker seines Reiches zusammenrufe, um die Regeln des Spiels herauszufinden, das er vor sich habe. Wenn sie die Rollen, welche die unterschiedlichen Figuren spielten, und die Züge, die mit jeder einzelnen gemacht würden, bestimmen könnten, komme sein Herr mit Freuden den traditionellen Tributforderungen des persischen Herrschers nach. Wenn nicht, werde er selbst Tributleistungen fordern, denn, wie es der Gesandte höflich ausdrückte, „Wissen steht über Reichtum".

Auf dem Rücken eines Elefanten wurde das erste Schachspiel von Indien nach Persien gebracht. Später wurden Elefantenfiguren zu Spielsteinen. Dieser Elefant aus glasierter Keramik trägt eine *howdah*, eine überdachte Sänfte (13. Jh.).

Chosrau dachte lange und gründlich über die Worte des Inders nach. Er fragte ihn nach der Art des Spiels und erfuhr, daß es den Krieg nachahme und daß seine Taktiken jene des Schlachtfelds seien. Schließlich nahm der König die Herausforderung an. Er teilte dem Gesandten mit, daß er acht Tage benötigen werde, um das Problem zu lösen. Danach werde er Antwort geben und die gewohnten Tributleistungen erwarten.

Der Gesandte verabschiedete sich, und sofort rief Chosrau seine klügsten Berater zu sich. Aufmerksam studierten sie das Spiel, aber niemandem gelang es, dessen Geheimnisse zu enthüllen. Da wandte sich der König an seinen intelligentesten Ratgeber Bozorgmehr. Dieser hatte die Gunst des Königs bereits als ganz junger Mann gewonnen, als er einen Traum deutete, der den Herrscher sehr beunruhigte. Seitdem war er häufig bei Hofe zu Gast, wo er die Geheimnisse der Sterne erkundete und alle anderen in der Heilkunde übertraf. In ihn setzte Chosrau nun seine Hoffnung.

Bozorgmehr konzentrierte sich voll und ganz auf das vorliegende Problem. Einen Tag und eine Nacht lang betrachtete er das Brett und die Figuren darauf. Nach Ablauf dieser Zeit bat er den König, den Gesandten zu rufen, und zur Verblüffung des Inders erklärte er das Schachspiel in allen Einzelheiten.

Der Spieß wird umgedreht

Bozorgmehr war mit seiner Findigkeit noch nicht am Ende. Nach Firdausis Version der Geschichte drehte er den Spieß nun um und erfand das *nard*-Spiel, mit dem er seinerseits den indischen König herausforderte. Feierlich wurden Brett und Spielsteine zusammen mit zweitausend Kamelen, die mit Geschenken beladen waren, an den Hof des Gupta-Herrschers gesandt – mit der Forderung nach der doppelten Menge an Schätzen, falls es den intelligentesten Brahmanen des Landes nicht gelingen sollte, die Regeln des neuen Spiels herauszufinden. Kurzum, Bozorgmehr gewann die Wette, und der indische Herrscher schickte Chosrau einen vollen Jahrestribut.

Auch wenn Firdausi die Geschichte ohne Zweifel hemmungslos ausschmückte, so scheint an seiner Erzählung doch etwas Wahres zu sein. Denn das Schachspiel soll tatsächlich im 6. Jahrhundert n. Chr. zur Zeit Chosraus I. ins Land gekommen sein, und zwar wirklich aus Indien, wo es sich offenbar aus einem Spiel namens *chaturanga (shatranj* auf persisch) entwickelt hatte. Firdausi zufolge wies das Spiel, das Bozorgmehr so viel Kopfzerbrechen bereitete, Merkmale jenes früheren Spiels auf, denn das Brett verfügte über hundert Felder und nicht vierundsechzig wie heute.

Statt der Dame gab es einen königlichen Ratgeber, der stets auf einem Feld neben dem König stehen mußte. Figuren in Form von Pferden entsprachen den heutigen Springern, während kleine Türmchen den heutigen Türmen sehr ähnelten. Elefanten waren die Läufer, und die anderen zwei Felder in der hinteren Reihe wurden von Kamelen eingenommen, deren Sprung über drei Felder mit dem uns heute vertrauten Zug des Springers verglichen werden kann.

In anderen Punkten bestand eine verblüffende Übereinstimmung mit den heutigen Regeln. Wenn ein Spieler einen gegnerischen König angriff, mußte er laut rufen: „König, paß auf!“, so wie ein Spieler heute „Schach“ sagen muß – ist doch unser Wort „Schach“ nichts als eine andere Wiedergabe des persisch-arabischen Worts für „König“, nämlich „Schah“.

Ein Schachmatt beschrieb Firdausi in einer Weise, wie sie einem Dichter geziemt: „Wenn der König sich umblickt, sieht er sich vom Feind umzingelt. Wasser und Gräben versperren den Weg. Auf allen Seiten stehen Feinde. Er ist erschöpft und durstig und kann nichts mehr tun. Das ist das Schicksal, das der stets wandelbare Himmel für ihn vorgesehen hat.“

Das Schachspiel stammt aus Indien, wo es sich aus dem taktischen Kriegsspiel *chaturanga* entwickelte. Bereits im 2. Jahrhundert n. Chr. spielten die Inder ausgiebig Schach. Nach Persien kam das Spiel zur Zeit Chosraus I. Dieses undatierte Bild stammt aus einer illuminierten persischen Abhandlung über Schach.

Von Leidenschaft und Verrat

Die Liebe zwischen Chosrau II. Parwis, dem letzten großen Sassaniden-König, und seiner christlichen Gemahlin Schirin inspirierte Dichter späterer Generationen zu der romantischen Geschichte von einem König, der, viele Hindernisse überwindend, schließlich seine Geliebte fand.

Chosrau II. Parwis („Der Siegreiche“) und auch Schirin waren historische Persönlichkeiten. Chosrau II., der von 590–628 n. Chr. Persien regierte, war der letzte große Eroberer vorislamischer Zeit. Auch Schirin lebte wirklich, und alle Chroniken verbürgen sich für den besonderen Platz, den sie in Chosraus Leben einnahm.

Schirin entstammte einer Adelsfamilie und war Christin. Die Heirat könnte arrangiert worden sein, um dem Herrscher die Unterstützung der Christen des Landes zu sichern, doch die Ehe war nichtsdestoweniger glücklich. Das Paar lebte dreißig Jahre lang zusammen, und Schirin hielt ihrem Mann bis zuletzt die Treue. Sie war auch bei ihm, als er ermordet wurde *(Seite 19)*.

Persische Dichter haben diese Tatsachen zu einer tragischen Liebesgeschichte ausgeschmückt. Der erste, der sich mit dem Thema befaßte, war Firdausi im *Schahnameh*. In seiner Darstellung der Geschichte Persiens war Chosrau ein Mann mit vielen Fehlern. Zwar wuchs er zu einem begeisterten Krieger und starken Herrscher heran, doch war er in Firdausis Erzählungen kein guter König. Er bürdete dem Volk neue Steuern auf und machte zu seinen Ratgebern Verräter, die mit Feinden verbündet waren.

Auch Schirin war für Firdausi eine zwielichtige Gestalt. So behauptete er, sie habe ihre wichtigste Rivalin vergiftet. Im *Schahnameh* hat sie ihren großen Auftritt nach dem Tod ihres Mannes, als Chosraus Sohn Schiruy, der

Die Geschichte von Chosrau und Schirin ist ein Lieblingsthema persischer Künstler. Auf ihren Gemälden – wie diesem aus Schiras (16. Jh.) – herrschen Pracht und Schönheit vor. Die Dichter gingen nicht immer so wohlwollend mit dem Liebespaar um.

Nizami, Dichter der Liebe

Das romantische Epos von Chosrau und Schirin ist eines der Hauptwerke Nizamis, des größten persischen Dichters höfischer Liebe. Es wird heute noch viel gelesen.

Nizami kam um 1140 n. Chr. in Persien zur Welt, lebte aber fast ausschließlich in Giandscha (Gäncä) im Kaukasus, das heute zu Aserbeidschan gehört. Er verwaiste früh, und nur einmal verließ er seine Heimat – um den Fürsten aufzusuchen. Nizami starb 1209.

Nizamis wichtigstes Werk ist das Chamseh, das aus fünf Epen besteht, geschrieben in Reimpaaren. Chosrau und Schirin ist eines der drei berühmten Liebes-Epen darin. Die anderen beiden sind Leila und Madschnun, in dem Madschnun in rasende Liebe zu Leila verfällt, und die Sieben Schönheiten, die der Sassaniden-König Bahram Gur heiratet. Nizamis Werk übte einen gewaltigen Einfluß aus. Viele Dichter folgten seinem Vorbild mit ähnlichen Epen, die sowohl auf persisch als auch auf türkisch geschrieben waren. Auch zahlreiche Maler ließen sich von den Motiven Nizamis inspirieren.

Nizami, mit grauem Gewand und weißem Bart, ist links auf dem Bucheinband zu sehen (Kadscharen-Dynastie, 1867).

historische Kawat II., ihr einen Heiratsantrag macht und sie den Tod durch eigene Hand vorzieht: In der Begräbnisstätte ihres Mannes bringt sie sich um.

Nach Meinung Nizamis, der 150 Jahre später schrieb, behandelte Firdausi das Thema zu nüchtern und kritisch, während ihn selbst die leidenschaftliche Romanze Chosraus und Schirins faszinierte. Historisch ist an Nizamis Version außer den Namen der Hauptpersonen nichts wahr. Aber als Geschichte einer tragischen Liebe hat sie ihre eigene Wahrheit.

Nizamis Chosrau sieht gut aus und ist klug, tapfer und stark. Als Jüngling träumt er, wie sein Großvater Chosrau I. ihm die Zukunft vorhersagt: Er wird der großen Liebe seines Lebens begegnen, das schnellste Pferd bekommen, einen Dichter finden, dessen Worte selbst Gift versüßen können, und einen Thron erben.

Sämtliche Prophezeiungen des alten Königs wurden Wirklichkeit. Der Dichter war Barbad, der Vater der persischen Musik. Der Thron war natürlich der Persiens. Und das Mädchen und das Pferd traf er an einem See – eine Begegnung, die zum Lieblingsmotiv von Malern späterer Jahrhunderte werden sollte.

Zu jener Zeit hatten sich Chosrau und Schirin bereits ineinander verliebt, und zwar ohne einander jemals begegnet zu sein. Schapur, ein Freund Chosraus, hatte die Leidenschaft des Prinzen mit glühenden Berichten über die Schönheit Schirins entfacht, der Tochter der Königin von Armenien. Dann reiste Schapur nach Armenien und zeigte Schirin ein Bild von Chosrau, was bei ihr eine ähnliche Wirkung hervorrief. Sie holte aus den Stallungen ihrer Mutter das Pferd Schabdis – es war das Roß, welches in Chosraus

Chosrau und der Fischer

Eine Geschichte aus „Tausendundeiner Nacht" erzählt, wie ein armer Fischer von Chosraus gerühmter Großzügigkeit profitiert.

Ein Fischer hatte einen riesigen Fisch gefangen und brachte ihn zum Palast, wo er von Chosrau den stolzen Betrag von 4000 Drachmen dafür erhielt. Entsetzt hielt Königin Schirin ihrem Gemahl vor, diese Summe sei viel zu hoch, denn ihre Höflinge würden sich beschweren, wenn sie für ihre Arbeit weniger Lohn bekämen als ein Fischer. Chosrau sah das ein, doch er entgegnete ihr, ein König müsse Wort halten; also drängte ihn Schirin, den ganzen Fisch zurückzuweisen. „Frage den Mann, ob der Fisch männlich oder weiblich ist", schlug sie ihm vor. „Antwortet er ‚männlich', sage ihm, du willst einen weiblichen Fisch, und antwortet er ‚weiblich', sage ihm, du willst einen männlichen."

Chosrau rief den Mann zurück und stellte ihm die Frage, aber der Fischer gab die Antwort: „Er ist weder männlich noch weiblich."

Der König lachte und befahl, ihm für seine Schlauheit weitere 4000 Drachmen zu geben.

Als der Fischer den Palast verließ, fiel eine der Münzen zu Boden, und er bückte sich nach ihr. „Siehst du?" meinte Schirin. „Trotz all des Geldes ist er immer noch habgierig und läßt nicht eine einzige Münze liegen." Der König rief den Fischer zurück, um ihn zu tadeln. Aber jener erwiderte, daß er nur besorgt gewesen sei, jemand könne auf die Münze mit dem Abbild des Königs treten und damit dessen Würde verletzen.

Über diese Antwort war Chosrau hoch erfreut, und er schenkte dem Fischer einen dritten Beutel voller Münzen. Dann riet der freigebige König seinen Höflingen scherzhaft, sich vor den Ratschlägen ihrer Ehefrauen zu hüten, wenn sie am Ende nicht dreimal soviel zahlen wollten wie ursprünglich geplant.

Traum vorkam – und floh mit ihm aus dem Palast nach Ktesiphon, der Hauptstadt der Sassaniden-Dynastie, um den ersehnten Geliebten dort zu treffen.

Zur selben Zeit ritt Chosrau nach Norden, um Schirin zu suchen. Ihre Wege kreuzten sich an einem See, an dem Schirin zum Baden angehalten hatte. Sie erkannten einander nicht – doch es war Liebe auf den ersten Blick. Es gab noch viele weitere Rückschläge, bis sie endlich zueinanderfanden. Inzwischen hatte Chosrau den Thron geerbt und mußte ihn gegen einen Rivalen, Bahram Tschubin, verteidigen.

Eine Sassaniden-Münze aus der Zeit Chosraus II. Parwis (590–628 n. Chr.). Sie zeigt ein Porträt des Königs.

Auch nachdem sie einander erkannt hatten, waren die Probleme noch längst nicht vorüber. Voll Leidenschaft gestand der junge König seine Liebe. Aber Schirin war von ihrer Mutter davor gewarnt worden, zu schnell nachzugeben, und wies seine Werbung zunächst stolz zurück.

Der Freier, der es gewohnt war, alles zu bekommen, was er wollte, ritt zornig auf Schabdis davon in die byzantinische Hauptstadt Konstantinopel, wo er Marjam heiratete, die Tochter des Kaisers. (In diesem Punkt hielt sich Nizami an die historische Wahrheit, denn Chosrau besiegelte einst durch eine Heirat sein Bündnis mit Byzanz.) Mit der Unterstützung byzantinischer Truppen gelang es ihm, Bahram zu besiegen, und triumphierend kehrte er nach Ktesiphon als unumstrittener König von Persien zurück.

Schirin war nach dem Tode ihrer Mutter inzwischen Königin von Armenien geworden. Und auch sie hatte einen neuen Liebhaber gefunden. Sein Name war Farhad, ein Steinmetz, der wegen seiner außergewöhnlichen Kraft berühmt war. Als Chosrau erfuhr, daß er einen Rivalen um die Gunst Schirins hatte, versuchte er, Farhad mit Gold zu kaufen. Als dies mißlang, stellte er ihm eine extrem schwere Aufgabe, um ihn von der Königin fernzuhalten: Farhad sollte an der alten Straße von Ekbatana nach Babylon einen Paß durch den Berg Bisitun freischlagen.

Farhad stimmte unter der Bedingung zu, daß Chosrau alle Ansprüche auf Schirin aufgebe, wenn er seine Arbeit beendet habe.

Eines Tages nun besuchte Schirin ihn auf der Baustelle. Um ihren Liebhaber zu beeindrucken, hatte sie all ihren Schmuck angelegt. Das Gewicht der Edelsteine war aber für ihr Pferd zu schwer, so daß es zu Boden sank. Rasch eilte Farhad zur Hilfe. Er nahm Pferd, Reiterin und Schmuck auf die Schultern und trug sie den ganzen Weg zu Schirins Palast zurück.

Als Chosrau von Farhads Heldentat erfuhr und erkannte, daß jener seine Aufgabe wahrscheinlich erfüllen werde, fürchtete er, Schirin für immer zu verlieren. In seiner Verzweiflung griff er zu einer Lüge. Er schickte einen Boten zu Farhad, der ihm mitteilte, Schirin sei tot. Die Wirkung war, wie Chosrau es erwartet hatte: Aus Kummer stürzte sich Farhad vom Berg hinunter in den Tod.

Kurz darauf starb auch Chosraus Frau Marjam, doch noch immer waren er und seine wahre Liebe voneinander getrennt. In Nizamis Erzählung war es die Musik, die sie schließlich zusammenbrachte. Zwei Hofsänger, Nakise und Barbad, sangen ein Duett, in dem Nakise Schirins Rolle übernahm und Barbad Chosraus Leidenschaft zum Ausdruck brachte. Die traurigen Weisen erweichten die Herzen der Liebenden. Schließlich kamen sie überein zu heiraten.

Doch es gab kein glückliches Ende. In einer letzten Wende des Schicksals verliebte sich Schiruy, Chosraus Sohn aus seiner Ehe mit Marjam, während des Hochzeitsfestes in Schirin. Aus Eifersucht erstach er seinen Vater, als dieser neben Schirin schlief.

Dieser Verlust war für Schirin zuviel. Am Begräbnistag ihres Gemahls schloß sie sich in seiner Grabstätte ein und nahm sich das Leben. Nachdem man ihre Leiche gefunden hatte, wurde sie an der Seite des Königs bestattet. Das Paar, das im Leben getrennt geblieben war, kam im Tod endlich zusammen.

DAS VERMÄCHTNIS DER MYTHEN PERSIENS

In den vielen Jahrhunderten, seit Kyros der Große das erste Persische Reich gegründet hatte, erlebte das Land durch Araber, Mongolen, Türken und Europäer unzählige Veränderungen. Doch selbst heute noch sind Spuren der frühesten Vergangenheit zu finden.

Mit der Eroberung des Landes durch die Araber im 7. Jahrhundert ging das alte Persien unter. Es verlor seine Unabhängigkeit und seine Religion, ja, sogar seine Sprache, denn gegen Ende des Jahrhunderts wurde das zur Zeit der Sassaniden gesprochene Pehlewi oder Mittelpersisch als Amtssprache vom Arabischen abgelöst. Das Arabische hatte große Vorzüge – einen reicheren und differenzierteren Wortschatz und eine größere Verbreitung – und setzte sich deshalb immer stärker durch. Doch Anfang des 9. Jahrhunderts wurde die alte Muttersprache als Neupersisch wiedergeboren, nunmehr freilich mit vielen Elementen aus der Spra-

Weißgekleidete Anhänger Zarathustras nehmen im heutigen Teheran am Feuerkult teil. Obwohl ihre Religion vor mehr als tausend Jahren vom Islam verdrängt wurde, hat sie überlebt.

che der Eroberer. In religiösen Fragen zeigten sich die neuen Herrscher tolerant – wiewohl mit der Nachsicht von Menschen, die von der Alleingültigkeit ihres eigenen Glaubens überzeugt sind. In der Praxis bedeutete dies, daß sie den Zoroastrismus zwar nicht verboten, seine Anhänger jedoch benachteiligten. Es wurde immer deutlicher, daß die Zugehörigkeit zum Islam eine Voraussetzung für Erfolg unter den neuen Herrschern war, und deshalb traten immer mehr Perser zum Islam über. Es dauerte über ein Jahrhundert, bis sich der Islam im Bewußtsein des Volkes verankert hatte, aber am Ende war sein Sieg fast vollkommen.

Dennoch hat die alte Religion in Enklaven überlebt, vor allem im Süden des Landes. Ihre Anhänger wurden herablassend *gabr* genannt, eine Bezeichnung, die sich von dem Wort für „ungläubig" herleitet. Sie waren verpflichtet, bestimmte Kleidung zu tragen und eine Sondersteuer zu zahlen, und sie durften weder auf Pferden reiten noch Waffen tragen. Trotzdem hielten sie an ihrem Glauben fest. Bis heute gibt es Zoroastrier im Iran.

Einer der Gründe für ihre Beständigkeit war die Existenz einer blühenden zoroastrischen Kolonie in Indien. Deren Mitglieder, die noch heute als Parsen bezeichnet werden, verfolgen ihren Ursprung bis zu jenen Zoroastriern zurück, die im 9. und 10. Jahrhundert den Iran verließen, um der Verfolgung zu entgehen. In Indien ließen sie sich auf der Insel Goa nieder und dann vor allem in Bombay, wo sie im Laufe der Jahrhunderte als Kaufleute reich wurden. Obwohl sie lange keinen Kontakt zu ihren Glaubensbrüdern in Persien hatten, wurde die Verbindung im 15. Jahrhundert wiederhergestellt, und sie taten viel, um die Situation der Zoroastrier in Persien zu verbessern.

Die iranischen Zoroastrier und die Parsen sind heute die wichtigsten Bindeglieder zur alten persischen Religion. In den letzten Jahren ist ihre Zahl zurückgegangen, unter anderem weil viele von ihnen in den Westen auswanderten und vermehrt Kontakt zu Nicht-Zoroastriern hatten. Die „Türme des Schweigens", in denen die Zoroastrier ihre Toten zur letzten Ruhe betteten, um die heiligen Elemente Erde, Feuer und Wasser nicht zu verunreinigen, verlieren zunehmend an Bedeutung. Dennoch gibt es zoroastrische Gemeinschaften in Großbritannien, Kanada, den USA und Australien, und ihr reiches Gemeindeleben voller geistiger und sozialer Aktivitäten spricht dafür, daß sie ihre Anhängerschaft auch behalten werden.

Ein Geschichtenerzähler nutzt gemalte Bilder, um die Sage von Sohrab und Rostam zu illustrieren. Diese alte Tradition wird selbst im Zeitalter von Film und Fernsehen noch gepflegt.

Firdausis Helden und ihr Schicksal

Das weltliche Erbe des alten Persien erfuhr in den Jahrhunderten, die der Eroberung durch die Araber folgten, ebenfalls ein wechselvolles Schicksal. Die Geschichten aus Firdausis *Schahnameh* wurden – und werden teilweise heute noch – dem Volk in den Städten und Dörfern von professionellen Geschichtenerzählern, den *naqqal* (*Seite 111*), dargebracht. So wuchsen auch Analphabeten mit den Helden der Sagen auf, die einen festen Bestandteil ihres Lebens bildeten. Noch heute gehören die Taten eines Rostam, Sohrab und Isfandiar zum kulturellen Erbe jedes Iraners.

Für ein Werk, das in der Tradition eines großen Landes eine so zentrale Rolle spielt, hat das *Schahnameh* im Ausland wenig Beachtung gefunden. Im 19. Jahrhundert wurde das Epos zwar in die wichtigsten europäischen Sprachen übersetzt, doch blieb seine

Auch Hollywood konnte den persischen Geschichten mit ihrer Mischung aus Intrigen und Exotik nicht widerstehen. Diese Szene stammt aus dem Film *Arabische Nächte* von 1942, in dem Maria Montez (Mary Montese) und Sabu die Hauptrollen spielten.

Wirkung gering. Eines der wenigen nichtpersischen Werke, die sich vom *Schahnameh* unmittelbar inspirieren ließen, war *Sohrab and Rustam* des britischen Dichters Matthew Arnold. Das Thema dieses in der homerischen Tradition stehenden, bewegenden Werkes stammt aus Firdausis Geschichte über den Helden Sohrab, der im Zweikampf von seinem eigenen Vater ermordet wird, der seinen Sohn nicht erkennt *(Seite 83)*. Aber selbst Arnold wußte nicht viel über seine Quelle. Er erfuhr von der Geschichte in den Abhandlungen des französischen Kritikers Sainte-Beuve und las von der Firdausi-Übersetzung selbst lediglich ein paar wenige Absätze.

In Deutschland fand das Interesse an der persischen Dichtung vor allem in einem berühmten Werk seinen Niederschlag: in Goethes *Westöstlichem Diwan*. Zu dieser Gedichtsammlung ließ sich Goethe von der mittelpersischen Liebesdichtung inspirieren, und auch Firdausis *Schahnameh* lieferte ihm Motive.

Politische Bedeutung des „Schahnameh"

Auch gegenwärtig noch wird das *Schahnameh* im Iran begeistert gelesen, obwohl es in jüngerer Zeit häufig geschmäht wurde. So wandte sich in den 60er und 70er Jahren des 20. Jahrhunderts eine Gruppe linksgerichteter iranischer Intellektueller gegen das Epos. Der Grund war politischer Natur: die Ablehnung des Schahs, Mohammed Resa Pahlawi, der sich bewußt in die Nachfolge der persischen Könige und Helden stellte, vor allem der Achämeniden. Dies unterstrich er beispielsweise im Jahre 1971, als er zur Feier des 2500jährigen Bestehens des Persischen Reiches in Teheran das Azadi-Denkmal errichten ließ und im selben Jahr in Persepolis ein üppiges Staatsbankett im Stil der großen Könige gab, nämlich in einer eigens errichteten luxuriösen Zeltstadt. Jene, die von Resa Pahlawis Herrschaft enttäuscht waren, faßten diese symbolischen Gesten sehr negativ auf. Nach der von dem islamischen Geistlichen Ayatollah Khomeini angeführten Revolution von 1979 und der Absetzung des Schahs war das *Schahnameh* einige Jahre lang verboten – was seine Beliebtheit keineswegs schmälerte.

Tausendundeine Nacht auf der Leinwand

Im Gegensatz zu den Heldensagen Firdausis sind die Erzählungen, die ihren Weg in die Sammlung *Tausendundeine Nacht* fanden, um die ganze Welt gegangen. Die Geschichten, die Scheherazade erzählte, wurden in praktisch alle Sprachen übersetzt und haben Generationen von Lesern erfreut. In „bereinigten" Versionen – das heißt ohne die erotischen Elemente – bilden sie die Handlung für beliebte Kinderfilme, und erst kürzlich erzielte die Disney Corporation mit dem Zeichentrickfilm *Aladdin* einen großen Kinoerfolg.

Anfang des 18. Jahrhunderts stellte der französische Linguist und Reisende Antoine Galland *Tausendundeine Nacht* erstmals dem westlichen Publikum vor. Aufgrund des Erfolgs, den er mit seiner 1701 herausgebrachten Übersetzung der Geschichten von Sindbad dem Seefahrer hatte, veröffentlichte er in den folgenden Jahren zwölf weitere Bände mit den Erzählungen aus *Tausendundeiner Nacht*. Damit gab er dem Werk eine bestimmte Gestalt, denn aus der Zeit vor seiner Übersetzung ist kein vollständiges arabisches Manuskript mehr erhalten. Von einigen der bekanntesten Geschichten – darunter denen von Aladdin und Ali Baba – gibt es überhaupt keine früheren Versionen mehr, was einige Kritiker zu der Annahme verleitete, Galland habe sie selbst erfunden.

Das Werk war nicht nur in Frankreich augenblicklich ein Erfolg. In Form von Heftchen wurden

Gallands Geschichten bald ohne Genehmigung abgedruckt. Als die wissenschaftlichen Abhandlungen der englischen Arabisten E. W. Lane und Sir Richard Burton mehr als ein Jahrhundert später erschienen, gehörten die Erzählungen von Scheherazade, Aladdin und Sindbad dem Seefahrer schon längst zum Schatz der Volksmärchen. Sie lösten in Europa eine Begeisterung für alles Orientalische aus, insonderheit eine Vorliebe für persische Kunst und Literatur. Die erste Manifestation dieser Mode fand sich in Montesquieus *Persischen Briefen* von 1721, die anhand eines Briefwechsels zwischen zwei fiktiven persischen Adligen den Zustand des damaligen Frankreich satirisch unter die Lupe nahmen. Etwa einhundert Jahre später hatte James Morier in England Erfolg mit seinem Schelmenroman *Hajji Baba of Isfahan,* in dem er seine Erfahrungen als Diplomat in Persien verarbeitete.

Als sich die Persien-Mode wieder abgeschwächt hatte, hielt nichtsdestoweniger der Einfluß der Erzähltechniken an, die in *Tausendundeiner Nacht* angewandt wurden. Vor allem die Kunstgriffe der Rahmenhandlung und der Geschichte in der Geschichte wurden von westlichen Autoren zunehmend aufgegriffen, wie die phantastisch-romantische *Handschrift von Saragossa* des polnischen Abenteurers und Geschichtsforschers Jan Potocki sowie Werke von George Meredith und Robert Louis Stevenson zeigen. Der bekannteste Vertreter dieses Genres aus dem 20. Jahrhundert ist der Argentinier Jorge Luis Borges, der einige Geschichten aus *Tausendundeiner Nacht* nacherzählte.

Leider ist der weltweite Erfolg von *Tausendundeiner Nacht* eine Ausnahme. In der ganzen Welt gibt es keine kulturelle Tradition, die so alt ist wie die persische und über eine so reiche Kunst und Literatur verfügt, gleichzeitig aber so wenig bekannt ist. Zum Teil hat dieses Problem sicherlich politische Gründe. Die iranische Revolution hat das Land genau zu dem Zeitpunkt vom Westen abgeschnitten, als in der Welt die grenzenlose Kommunikation möglich wurde.

Doch es gibt Anzeichen eines Wandels. Einerseits hat die Abwendung von der westlichen Welt der Wirtschaft des Iran geschadet, und das Ende des zweiten Jahrtausends steht im Zeichen politischen „Tauwetters“. Andererseits zeigt der aufsehenerregende Besuch des Staatschefs Khatami beim Papst im Jahre 1999, daß der Iran Perspektiven der Annäherung zwischen den großen Religionen entwickelt, die das Land möglicherweise aus der Isolation herausführen werden.

Während des iranisch-irakischen Krieges der 80er Jahre tauchten überall im Iran riesige Wandmalereien auf. Diese Bildwerke besaßen eine ähnliche Symbolkraft wie die Felsreliefs im alten Persien.

Glossar

apadana Von Dareios I. in Susa und Persepolis erbaute, mit Säulen versehene Audienzhalle, die für 10 000 Bittsteller des Königs der Könige Platz bot.

ascha „Wahrheit", ein Schlüsselbegriff des Zoroastrismus; siehe auch *drug.*

aschawan Die rechtschaffenen Anhänger der Guten Religion, des Zoroastrismus.

chaturanga Vorläufer des Schachs. Das Spiel gelangte zur Zeit Chosraus I. von Indien nach Persien.

chunijagar Hofdichter und -sänger, die am Königshof als wichtige Persönlichkeiten geachtet wurden. Diese Stellung war hart umkämpft.

daeva Alter Begriff, der von den Ariern für einen Teil ihrer Götter verwendet wurde. Von ihm leitet sich das Wort *div* ab.

div Die Dämonen, aus denen Angra Mainjus Heer der bösen Geister bestand.

drug „Lüge", der Gegensatz zu *ascha,* „Wahrheit". Der Dualismus, der sich in diesen beiden Begriffen ausdrückt, bildet die Grundlage der zoroastrischen Religion. Manchmal wird mit *drug* Angra Mainjus Dämonenheer beschrieben.

dschinn Mächtige Geister, Kobolde.

farr Der göttliche und königliche Glanz, der in der persischen Dynastie von einem König auf den nächsten überging. Dynastische Legitimation.

frawaschi Die himmlischen Seelen der Menschen, die sich dafür entschieden hatten, Ahura Masda in dem langwierigen Kampf gegen das Böse zu unterstützen.

getig Das materielle Universum. Als Ahura Masda die Welt erschuf, wachte er über zwei Teile: *getig* und sein immaterielles Gegenstück, *menog.*

hamestagan In der zoroastrischen Kosmologie auch bekannt als *miswan gatu,* „Ort der Gemischten", der Zielort der Seelen, die weder ein schlechtes noch ein gutes Leben geführt haben und bei denen die Waage beim Jüngsten Gericht nach keiner Seite ausschlägt.

Haoma Rauschmittel, das die persischen Priester in den alten Ritualenn tranken, um durch Visionen mit den Göttern in Verbindung zu treten.

jasata Im Zoroastrismus die „Verehrungswürdigen", die von den „Heiligen Unsterblichen", den *amescha spenta,* als Kämpfer gegen das Böse geschaffen wurden. Sie gehen vermutlich auf die alten Götter der Arier zurück.

naqqal Professionelle Geschichtenerzähler, die auch heute noch durch den Iran reisen und Geschichten aus den großen persischen Epen erzählen.

pairaka Gefährliche, verführerische Dämoninnen, die im Tierreich häufig in der Gestalt von Ratten auftreten.

pardehdar Umherziehende Geschichtenerzähler, die beim Vortrag Bilder zeigen, um ihre Darbietung fesselnder zu machen.

pari Diese schönen weiblichen Geister gehen auf die *pairaka* im *Awesta* zurück. Sie entsprechen den Feen in den Märchen der westlichen Welt.

Register

Die *kursiv* gedruckten Seitenzahlen beziehen sich auf Bildunterschriften. Erscheint der Begriff auf einer Seite im Text und in der Bildunterschrift, ist die Seitenzahl nicht kursiv gedruckt.

B

C

D

E

T

U

V

W

X

Z

Weiterführende Lektüre

Arkoun, M.: *Der Islam*. Heidelberg 1999
Curtis, Vesta Sarkhosh: *Persian Myths*. London 1997
Hansen, K. H.: *Das Iranische Königsbuch*. Aufbau und Gestalt des *Schahname* von Firdosi. Mainz 1954
Hinz, Walter: *Das Reich Elam*. Stuttgart, 1964.
Jaeger, Beate R.: *Götter, Mullahs und Kalifen*. Frankfurt 1994
Johardelvari, Abdolamir: *Iranische Philosophie von Zarathustra bis Sabzewari*. Frankfurt 1994
Kammenhuber, Annelies: *Die Arier im Vorderen Orient*. o. O. 1968
Khomenei, Ruhollah: *Der islamische Staat*. Berlin o. J.
Kneifel, H.: *Darius der Große, König der Perser*. München 1998
Lukonin, Wladimir und Iwanow, Anatoli: *Persische Kunst*. o. O. 1996
Märchen aus 1001 Nacht. (2 Bde.). München 1993
Mayrhofer, Manfred: *Die Indo-Arier im Alten Vorderasien*. o. O. 1966
Motadel, Iradj: *Iran: Von der Schah-Dynastie zum islamischen Gottesstaat*. Detmold 1987
Nezami *(ist gleich* Nizami): *Die Abenteuer des Königs Bahram und seiner sieben Prinzessinnen*. München 1997
Nizami: *Chosrou und Schirin*. Zürich 1980
Polak, Jacob E.: *Persien, das Land und seine Bewohner*. o. O. 1976 (Nachdruck der Ausgabe Leipzig 1865)
Rashad, Mahmoud: *Iran*. Köln 1998
Time-Life Bücher, Redaktion der: *Das Persische Weltreich*. Reihe „Untergegangene Kulturen". Amsterdam 1995
Wiesehöfer, Josef: *Das frühe Persien*. München 1999
Witzleben, U. v.: *Geschichten aus dem „Schahnameh"*. Düsseldorf/Köln 1960

Quellennachweis der Abbildungen

Der Herausgeber dankt den folgenden Personen und Institutionen für die Genehmigung, ihr Bildmaterial zu veröffentlichen. Es wurde jede Anstrengung unternommen, die Inhaber des Copyrights ausfindig zu machen. Sollten einige von ihnen fehlen, werden wir diese gern in die nächsten Auflagen aufnehmen.

Schlüssel:
o oben; **M** Mitte; **u** unten; **l** links; **r** rechts

Abkürzungen:

BAL	Bridgeman Art Library, London/New York
BM	British Museum, London
Christie's	Christie's Images, London
ET	e.t. archive, London
RHPL	Robert Harding Picture Library
V&A	Victoria & Albert Museum, London
WFA	Werner Forman Archive, London

Einband: Louvre, Paris/BAL; **Titelseite** BAL/BL; **Inhaltsseite** BM; **6** ET; **7** Christie's; **8** Ashmolean Museum, Oxford/BAL; **10** Ashmolean Museum, Oxford/BAL; **11** BAL; **12** Louvre/BAL; **13** British Museum/Michael Holford; **14l** Louvre/ET; **14r** Ashmolean Museum, Oxford; **15l** Schimmel Collection, New York/WFA; **15r** Adam Woolfit/RHPL; **16** Louvre/BAL; **17** V&A/ET; **18–19** ET; **20** RHPL; **21** Royal Asiatic Society/BAL; **22o** BM/ET; **22l** RHPL; **22r** Vesta Curtis; **23o** RHPL; **23u** RHPL; **24tl** ET; **24or** RHPL; **25l** ET; **25r** Louvre/BAL; **26** Christie's; **27** Bodleian Library, Oxford; **28** RHPL; **29** BAL; **30** BM (1906.11.3.2366); **31** BM (WA123267); **34** BM (1843-6-20) **35** Christie's; **36** BM (OA1943.10-9.02); **37** BAL; **39** Christie's; **40** V&A (IS3393-1883/CT7588); **41** Christie's; **42** British Library (OR371 f.17r); **43** Chester Beatty Library of Oriental Art/BAL; **44** Hutchison Library; **45** BAL; **47** BAL; **48l** Georg Gerster/Network; **48r** RHPL; **49o** Bibliothèque Nationale, Paris/BAL; **49u** Christie's; **50** BM (OA1948.10-9.053); **51** RHPL; **54** BM (CM1850-4-12-90); **55** RHPL; **56** V&A/BAL; **57** BM (WA132256.123/OT8); **58** BM (WA123901/OT1); **59** Louvre/BAL; **60** BM (OA1930.4-12.02); **61** RHPL; **62** Metropolitan Museum, New York/WFA; **63** BM (WA119985); **64** Christie's; **65** Louvre/BAL; **68** BM (WA124092); **69** BM (OA1920.9-17.0275); **70–71o** Louvre/BAL; **70–71u** Isabella Tree/Hutchison; **71** Christie's; **72** RHPL; **73** BM/BAL; **74** Royal Asiatic Society; **75** Christie's; **76** British Library (OR 8761 f.52v); **77** BM (WA123910); **79** National Museum of India, Delhi/BAL; **80** Christie's; **81** Christie's; **82** BM (WA124000); **83** BM (OA1922.7-11.02); **84–85** BM (OA 1948.12-11.027-8); **86** Christie's; **87** Christie's; **88** BM (OA 1975.5-23.04); **89** RHPL; **90–91** RHPL; **93** Louvre/BAL; **94** BM (WA124081); **95** Bonhams/BAL; **96–97** Christie's; **98** BM (OA1948.10-9.052); **99** V&A (IS3378/CT47859); **100** BM (OA1948.12-11.025); **102** Fogg Art Museum at Harvard University, USA; **103** BM (1919-8-20-1); **105** BM (WA90920); **107** RHPL; **108l** BM (124095); **108r** Christie's; **109o** BL (Or 371 folio 35); **109u** BM (WAA 135913); **110** V&A/BAL; **111** V&A Museum, London (442-1884/CT290); **112** BM (OA1974.6.17 10 (13)); **113** Bibliothèque Nationale, Paris/BAL; **114** V&A (IS294-1951/CT22641); **115** Christie's; **117** Christie's/BAL; **118** V&A (IS133-1964/CT8835); **119** National Museum of India, Delhi/BAL; **120** BAL; **121** Christie's; **122** BM (WA123906/OT9); **123** British Library/Michael Holford; **124** British Library/BAL; **126** Iman Zahdah, Tschah-Said-Moschee, Isfahan, Iran/BAL; **127** RHPL; **128** Christie's; **129** Royal Asiatic Society/BAL; **130** Christie's; **131** Christie's/ BAL; **133** Michael Holford; **134** Frank Spooner Agency; **135** Michael Wood; **136** Kobal Collection; **137** Frank Spooner Agency.